POÉSIES
DE
SULLY PRUDHOMME

Les Épreuves.
Les Écuries d'Augias. — Croquis italiens. — Les Solitudes.
Impressions de la Guerre.

(1866-1872)

PARIS
ALPHONSE LEMERRE, ÉDITEUR
27, PASSAGE CHOISEUL, 29
—
1872

AU LECTEUR

J'avais cueilli ces fleurs sur le bord de la route
Où m'ont jeté les bons et les mauvais hasards,
Mais je n'osais livrer des souvenirs épars;
J'en fais une guirlande, ils plairont mieux sans doute.

Fraîche encore, une rose y pleure goutte à goutte;
J'y mets une pensée aux ténébreux regards,
Puis les plantes des lacs, de rêveurs nénuphars,
Puis des épis naissants : ma vie y sera toute.

La tienne aussi, lecteur, car les hommes entre eux
Sont en cela pareils, qu'heureux ou malheureux,
Ils ont pleuré d'amour et pensé sans connaître,

Qu'ils ont au moins perdu vingt printemps à rêver,
Et qu'enfin tous un jour ont voulu se lever
Et semer quelque chose avant de disparaître.

LES ÉPREUVES

AMOUR — DOUTE — RÊVE
ACTION

AMOUR

L'INSPIRATION

Un oiseau solitaire aux bizarres couleurs
Est venu se poser sur une enfant ; mais elle,
Arrachant son plumage où le prisme étincelle,
De toute sa parure elle fait des douleurs.

Et le duvet moelleux, plein d'intimes chaleurs,
Épars, flotte au doux vent d'une bouche cruelle.
Or l'oiseau, c'est mon cœur ; l'enfant coupable est celle,
Celle dont je ne puis dire le nom sans pleurs.

Ce jeu l'amuse, et moi j'en meurs, et j'ai la peine
De voir dans le ciel vide errer sous son haleine
La beauté de mon cœur pour le plaisir du sien !

Elle aime à balancer mes rêves sur sa tête
Par un souffle, et je suis ce qu'on nomme un poëte.
Que ce souffle leur manque, et je ne suis plus rien.

LA FOLLE

Errante, elle demande aux enfants d'alentour
Une fleur qu'elle a vue un jour en Allemagne,
Frêle, petite et sombre, une fleur de montagne
Au parfum pénétrant comme un aveu d'amour.

Elle a fait ce voyage, et depuis son retour
L'incurable langueur du souvenir la gagne :
Sans doute un charme étrange et mortel accompagne
Cette fleur qu'elle a vue en Allemagne un jour.

Elle dit qu'en baisant la corolle on devine
Un autre monde, un ciel, à son odeur divine,
Qu'on y sent l'âme heureuse et chère de quelqu'un.

Plusieurs s'en vont chercher la fleur qu'elle demande,
Mais cette plante est rare et l'Allemagne est grande ;
Cependant elle meurt du regret d'un parfum.

ENVOI

Faites-vous de ces vers un intime entretien,
Pardonnez-moi tous ceux où, pour la renommée,
J'ai pu chanter l'amour sans vous avoir nommée,
Où j'ai mis plus du cœur des autres que du mien.

Mais à d'autres que vous ceux-ci ne diraient rien :
La tendresse n'est là que pour vous exprimée;
A peine y verrait-on qu'une femme est aimée,
Car je ne le dis pas; et vous le sentez bien.

La nuit, quand vous pleurez, la veilleuse d'albâtre
Mêle une lueur douce au feu mourant de l'âtre,
Et ne luit que dans l'ombre, et dès le jour pâlit.

Pareils à la veilleuse et doux comme sa flamme,
Ces vers, faits seulement pour la nuit de votre âme,
Aussitôt pâliront si le monde les lit.

LES DANAIDES

Toutes, portant l'amphore, une main sur la hanche,
Théano, Callidie, Amymone, Agavé,
Esclaves d'un labeur sans cesse inachevé,
Courent du puits à l'urne où l'eau vaine s'épanche.

Hélas! le grès rugueux meurtrit l'épaule blanche,
Et le bras faible est las du fardeau soulevé :
— « Monstre, que nous avons nuit et jour abreuvé,
O gouffre, que nous veut ta soif que rien n'étanche ? »

Elles tombent, le vide épouvante leurs cœurs ;
Mais la plus jeune alors, moins triste que ses sœurs,
Chante, et leur rend la force et la persévérance.

Tels sont l'œuvre et le sort de nos illusions :
Elles tombent toujours, et la jeune Espérance
Leur dit toujours : « Mes sœurs, si nous recommencions ! »

CONSEIL

Pour vous, enfant, le monde est une nouveauté ;
De leur nid vos vertus, colombes inquiètes,
Regardent en tremblant les printanières fêtes
Et cherchent le secret d'y vivre en sûreté.

Le voici : n'aimez l'or que pour sa pureté ;
N'aimez que la candeur dans vos blanches toilettes ;
Et si vous vous posez au front des violettes,
Aimez la modestie en leur simple beauté.

Qu'ainsi votre parure à vos yeux soit l'emblème
De toutes les vertus qui font la grâce même,
Ce geste aisé du cœur dont le luxe est jaloux ;

Et qu'au retour d'un bal innocemment profane,
Quand vous dépouillerez l'ornement qui se fane,
Rien ne tombe avec lui de ce qui plut en vous.

LA NOTE

Que n'ai-je un peu de voix ! J'ai le cruel ennui
De sentir mon poëme en ma poitrine éclore,
Et de ne pouvoir pas, plus créateur encore,
Comme j'ai mis mon cœur, mettre mon souffle en lui.

Le chant aérien laisse, après qu'il a fui,
Des lèvres jusqu'au ciel un sillage sonore
Où l'âme, rajeunie et plus légère, explore
Les paradis anciens qu'elle pleure aujourd'hui.

La note est comme une aile au pied du vers posée ;
Comme l'aile des vents fait trembler la rosée,
Elle le fait frémir plus sonore et plus frais.

O vierges qu'effarouche un seul mot, le plus tendre,
Peut-être modulé daigneriez-vous l'entendre,
Vous qui l'osez chanter sans le dire jamais !

INQUIÉTUDE

Pour elle désormais je veux être si bon,
Si bon, qu'elle se sache aveuglément chérie ;
Je ne lui dirai plus : « Il faut, » mais : « Je t'en prie... »
Et je prendrai les torts, lui laissant le pardon.

Mais quel âpre murmure au fond de moi dit : « Non ! »
Contre un servile amour toute ma fierté crie.
Non ! je veux qu'étant mienne, à ma guise pétrie,
Ce soit elle, et non moi, qui craigne l'abandon.

Tantôt je lui découvre en entier ma faiblesse,
Tantôt, rebelle injuste et jaloux, je la blesse
Et je sens dans mon cœur sourdre la cruauté.

Elle ne comprend pas, et je lui semble infâme.
Oh ! que je serais doux si tu n'étais qu'une âme !
Ce qui me rend méchant, vois-tu, c'est ta beauté.

TRAHISON

Quand on a tant aimé, c'est un rude réveil !
Tu t'es cru dans un nid semblable aux nids des haies,
Caché, sûr et profond. Vain songe ! Tu t'effraies
D'avoir osé dormir ce dangereux sommeil.

La foi, bonne ou mauvaise, a donc un front pareil !
Tu ne veux même plus croire les larmes vraies ;
Et si l'amitié cherche à te panser tes plaies,
Ton désespoir viril arrache l'appareil.

Tu goûtes l'âcreté de l'insulte récente :
Gonflé de sa douleur en niant qu'il la sente,
Ton grand cœur se console à la bien soutenir.

Mais, si tu veux garder vivace ta rancune,
Marche au soleil, et fuis les pâles clairs de lune,
Et crains plus que la mort ton plus doux souvenir.

PROFANATION

Beauté qui rends pareils à des temples les corps,
Es-tu donc à ce point par les dieux conspuée
De descendre du ciel sur la prostituée,
De prêter ta splendeur vivante à des cœurs morts?

Faite pour revêtir les cœurs chastes et forts,
D'habitants à ta taille es-tu si dénuée?
Et quelle esclave es-tu pour t'être habituée,
Souriante, à masquer l'opprobre et ses remords?

Beauté, retourne au ciel, va-t'en, tu te profanes ;
Fuis, et n'avilis plus aux pieds des courtisanes
Le génie et l'amour qui n'y cherchent que toi.

Déserte pour jamais le blanc troupeau des femmes,
Ou qu'enfin, se moulant sur le nu de leurs âmes,
La forme leur inflige un front de bonne foi !

AU PRODIGUE

Le cœur n'est pas fragile, il est fait d'or solide :
Plût aux dieux que, pareil à l'amphore de grès,
Il ne servît qu'un temps et fût poussière après !
Mais il ne s'use point, ô douleur ! il se vide !

Au bord, la volupté rôde toujours avide :
Frère, ne permets pas qu'elle y boive à longs traits ;
Garde sévèrement ce qu'il contient de frais ;
Trésor vingt ans accru qu'une nuit dilapide.

Sois avare de lui. Malheur à l'insensé
Qui, portant ce beau vase aux rouges bacchanales,
En perd le baume aux pieds des idoles banales !

Il sent un jour, sincère et traître fiancé,
Les lèvres d'une vierge à son cœur se suspendre,
Et son cœur grand ouvert n'a plus rien à répandre.

LES BLESSURES

Le soldat frappé tombe en poussant de grands cris ;
On l'emporte ; le baume assainit la blessure,
Elle se ferme un jour ; il marche, il se rassure,
Et, par un beau soleil, il croit ses maux guéris.

Mais, au premier retour d'un ciel humide et gris,
De l'ancienne douleur il ressent la morsure ;
Alors la guérison ne lui paraît pas sûre,
Le souvenir du fer gît dans ses flancs meurtris.

Ainsi, selon le temps qu'il fait dans ma pensée,
A la place où mon âme autrefois fut blessée
Il est un renouveau d'angoisses que je crains ;

Une larme, un chant triste, un seul mot dans un livre,
Nuage au ciel limpide où je me plais à vivre,
Me fait sentir au cœur la dent des vieux chagrins.

FATALITÉ

Que n'ai-je appris l'amour sous un regard moins beau !
Je n'aurais pas traîné si longtemps sur la terre
Cet âpre souvenir, le seul que rien n'altère,
Et qui, le plus lointain, me soit toujours nouveau.

Hélas ! je ne peux pas souffler comme un flambeau
L'œil bleu pâle qui luit dans mon cœur solitaire ;
On ne se remplit pas d'une nuit volontaire,
Pas même en se voilant des ombres du tombeau.

Que n'ai-je, comme eux tous, aimé d'abord la grâce,
Non la grande beauté qui fait mal, qui dépasse
L'horizon du désir et la force du cœur !

J'eusse aimé librement selon ma fantaisie ;
Mais l'amante que j'ai, je ne l'ai pas choisie,
Je ne pourrais pas plus la changer que ma sœur.

OÙ VONT-ILS?

Ceux qui sont morts d'amour ne montent pas au ciel :
Ils n'auraient plus les soirs, les sentiers, les ravines,
Et ne goûteraient pas, aux demeures divines,
Un miel qui du baiser pût effacer le miel.

Ils ne descendent pas dans l'enfer éternel :
Car ils se sont brûlés aux lèvres purpurines,
Et l'ongle des démons fouille moins les poitrines
Que le doute incurable et le dédain cruel.

Où vont-ils? Quels plaisirs, quelles douleurs suprêmes
Pour ceux-là, si les cœurs au tombeau sont les mêmes,
Passeront les douleurs et les plaisirs sentis?

Comme ils ont eu l'enfer et le ciel dans leur vie,
L'infini qu'on redoute et celui qu'on envie,
Ils sont morts jusqu'à l'âme, ils sont anéantis.

L'ART SAUVEUR

S'il n'était rien de bleu que le ciel et la mer,
De blond que les épis, de rose que les roses,
S'il n'était de beauté qu'aux insensibles choses,
Le plaisir d'admirer ne serait point amer.

Mais avec l'océan, la campagne et l'éther,
Des formes d'un attrait douloureux sont écloses ;
Le charme des regards, des sourires, des poses,
Mord trop avant dans l'âme, ô femme ! il est trop cher.

Nous t'aimons, et de là les douleurs infinies :
Car Dieu, qui fit la grâce avec des harmonies,
Fit l'amour d'un soupir qui n'est pas mutuel.

Mais je veux, revêtant l'art sacré pour armure,
Voir des lèvres, des yeux, l'or d'une chevelure,
Comme l'épi, la rose, et la mer, et le ciel.

SÉPULTURE

Ils m'ont dit : « Le secret est la marque des forts :
Tu n'as pas respecté la peine de ta vie,
Tu ne l'as point aux yeux stoïquement ravie. »
Ah ! combien mes aveux m'ont coûté plus d'efforts !

Pour sauver une forme éphémère et chérie,
Le profane embaumeur, troublé, mais sans remords,
Plongeant sa main hardie aux entrailles des morts,
Y dépose avec art les parfums de Syrie.

Et moi, du deuil aussi je me suis fait un art :
Mes vers, plus pénétrants que la myrrhe et le nard,
Conserveront pour moi ma jeunesse amoureuse.

Dans la tombe qu'au fond de mon cœur je lui creuse,
En sauvant sa fraîcheur j'ai voulu l'enfermer,
Et j'ai dû malgré moi l'ouvrir pour l'embaumer.

DOUTE

PIÉTÉ HARDIE

Vrai Dieu, si quelque part dans un monde écarté
J'eusse grandi tout seul, nourri par une chèvre,
Sans maîtres, bégayant du cœur et de la lèvre,
Par l'esprit et les yeux épelant la clarté,

J'aurais pu dans tes bras jouir en liberté
Des robustes plaisirs dont l'étude me sèvre;
Religieux debout, et curieux sans fièvre,
Je n'aurais pas perdu la paix et la fierté.

Mais ils sont venus tous s'acharner sur mon âme.
Ils me rendent aveugle au jour qui te proclame
Et n'agitent en moi que des flambeaux obscurs.

Tes chemins sont barrés de tant de sacrés murs,
Qu'à peine, en sapant tout sur mes pas, te verrai-je,
Et que ma piété ressemble au sacrilége!

LA PRIÈRE

Je voudrais bien prier, je suis plein de soupirs !
Ma cruelle raison veut que je les contienne.
Ni les vœux suppliants d'une mère chrétienne,
Ni l'éxemple des saints, ni le sang des martyrs,

Ni mon besoin d'aimer, ni mes grands repentirs,
Ni mes pleurs, n'obtiendront que la foi me revienne.
C'est une angoisse impie et sainte que la mienne :
Mon doute insulte en moi le Dieu de mes désirs.

Pourtant je veux prier, je suis trop solitaire :
Voici que j'ai posé mes deux genoux à terre :
Je vous attends, Seigneur ; Seigneur, êtes-vous là ?

J'ai beau joindre les mains, et, le front sur la Bible,
Redire le Credo que ma bouche épela,
Je ne sens rien du tout devant moi. C'est horrible.

BONNE MORT.

Le Phédon jette en l'âme un céleste reflet,
Mais rien n'est plus suave au cœur que l'Évangile.
Délicat embaumeur de la raison fragile,
Il sent la myrrhe, il coule aussi doux que le lait.

Dans ses pures leçons rien n'est prouvé ; tout plaît :
Le bon Samaritain qui prodigue son huile,
L'héroïsme indulgent pour la plèbe servile,
L'âme offerte à l'épreuve et la joue au soufflet.

On dit que les mourants ont foi dans ce beau livre :
Quand la raison fléchit, il apaise, il enivre,
Et l'agonie y trouve un généreux soutien.

Prêtre, tu mouilleras mon front qui te résiste ;
Trop faible pour douter, je m'en irai moins triste
Dans le néant peut-être, avec l'espoir chrétien.

LA GRANDE OURSE

La Grande Ourse, archipel de l'Océan sans bords,
Scintillait bien avant qu'elle fût regardée,
Bien avant qu'il errât des pâtres en Chaldée,
Et que l'âme anxieuse eût habité les corps;

D'innombrables vivants contemplent depuis lors
Sa lointaine lueur aveuglément dardée;
Indifférente aux yeux qui l'auront obsédée,
La Grande Ourse luira sur le dernier des morts.

Tu n'as pas l'air chrétien, le croyant s'en étonne,
O figure fatale, exacte et monotone,
Pareille à sept clous d'or plantés dans un drap noir.

Ta précise lenteur et ta froide lumière
Déconcertent la foi : c'est toi qui la première
M'as fait examiner mes prières du soir.

CRI PERDU

Quelqu'un m'est apparu très-loin dans le passé :
C'était un ouvrier des hautes Pyramides,
Adolescent perdu dans ces foules timides
Qu'écrasait le granit pour Chéops entassé.

Or ses genoux tremblaient; il pliait, harassé
Sous la pierre, surcroît au poids des cieux torrides;
L'effort gonflait son front et le creusait de rides;
Il cria tout à coup comme un arbre cassé.

Ce cri fit frémir l'air, ébranla l'éther sombre,
Monta, puis atteignit les étoiles sans nombre
Où l'astrologue lit les jeux tristes du sort;

Il monte, il va, cherchant les dieux et la justice,
Et depuis trois mille ans sous l'énorme bâtisse,
Dans sa gloire, Chéops inaltérable dort.

TOUT OU RIEN

J'ai deux tentations, fortes également,
Le duvet de la rose et le crin du cilice :
Une rose du moins qui jamais ne se plisse,
Un cilice qui morde opiniâtrément;

Car les répits ne font qu'attiser le tourment,
Et le plus léger trouble est le pire supplice,
S'il traverse la vie aux heures de délice :
Plutôt le franc malheur que le bonheur qui ment!

Un jeûne incorruptible ou bien l'ivresse entière !
Maintenir vierge en soi l'horreur de la matière,
Ou, moins beau, sans remords en épuiser l'amour !

Mais, pur et vil, je sens le charbon d'Isaïe
Et le trop cher baiser de la femme ennemie
Châtier ou flatter mes lèvres tour à tour.

LA LUTTE

Chaque nuit, tourmenté par un doute nouveau,
Je provoque le sphinx, et j'affirme et je nie...
Plus terrible se dresse aux heures d'insomnie
L'inconnu monstrueux qui hante mon cerveau.

En silence, les yeux grands ouverts, sans flambeau,
Sur le géant je tente une étreinte infinie,
Et dans mon lit étroit, d'où la joie est bannie,
Je lutte sans bouger comme dans un tombeau.

Parfois ma mère vient, lève sur moi sa lampe
Et me dit, en voyant la sueur qui me trempe :
« Souffres-tu, mon enfant ? Pourquoi ne dors-tu pas ? »

Je lui réponds, ému de sa bonté chagrine,
Une main sur mon front, l'autre sur ma poitrine :
« Avec Dieu cette nuit, mère, j'ai des combats. »

ROUGE OU NOIRE

Pascal! pour mon salut à quel dieu dois-je croire
— Tu doutes? crois au mien, c'est le moins hasardeux.
Il est ou non : forcé d'avouer l'un des deux,
Parie. A l'infini court la rouge ou la noire.

Tu risques le plaisir pour l'immortelle gloire;
Contre l'éternité, le plus grand des enjeux,
N'exposer qu'une vie est certe avantageux :
La plus sûre vaut moins qu'un ciel aléatoire.

— Pitié! maître, j'avance et retire ma main;
Joueur que le tapis sollicite et repousse,
J'hésite, tant la vie est légitime et douce!

Tout mon être répugne à ce choix inhumain;
Le cœur a ses raisons où la raison s'abîme,
Et ton calcul est faux si je m'en sens victime.

CHEZ L'ANTIQUAIRE

Entre mille débris au hasard amassés,
Un Christ en vieil ivoire, exposé dans la rue,
Jette l'adieu suprême à sa foi disparue
Et sent fuir ses genoux infiniment lassés.

En face, une Vénus, gloire des arts passés,
Sort de la draperie à ses flancs retenue,
Naturelle et divine, offrant sa beauté nue,
Sans bras, pareille aux troncs de lierres enlacés.

La Volupté sereine et l'immense Tendresse
Aux passants affairés n'offrent plus de caresse :
L'une a les bras cloués, l'autre a les bras rompus.

L'homme, sans charité, revend ce qu'il achète ;
La femme lui marchande une nuit inquiète :
Les beaux embrassements ne se prodiguent plus.

LES DIEUX

Le dieu du laboureur est comme un très-vieux roi
De chair et d'os, seigneur du champ qu'il ensemence;
Le dieu de son curé règne aussi, mais immense,
Trois fois unique, esprit, fils et père de soi;

Le déiste contemple un pur je ne sais quoi
Lointain, par qui le monde, en s'ordonnant, commence;
Et le savant qui rit de leur sainte démence
Nomme son dieu Nature et n'en fait qu'une loi;

Kant ne sait même plus si quelque chose existe,
Et Fichte, usurpateur du temple vide et triste,
Se divinise afin qu'un dieu reste debout.

Ainsi roulent toujours, du néant aux idoles,
Du blasphème aux credo, les multitudes folles!
Dieu n'est pas rien, mais Dieu n'est personne : il est Tout.

UN BONHOMME

C'était un homme doux, de chétive santé,
Qui, tout en polissant des verres de lunettes,
Mit l'essence divine en formules très-nettes,
Si nettes que le monde en fut épouvanté.

Ce sage démontrait avec simplicité
Que le bien et le mal sont d'antiques sornettes,
Et les libres mortels d'humbles marionnettes
Dont le fil est aux mains de la nécessité.

Pieux admirateur de la sainte Écriture,
Il n'y voulait pas voir un dieu contre nature;
A quoi la synagogue en rage s'opposa.

Loin d'elle, polissant des verres de lunettes,
Il aidait les savants à compter les planètes.
C'était un homme doux, Baruch de Spinoza.

SCRUPULE

Vous êtes ignorants comme moi, plus encore,
Innombrables soleils! La raison de vos lois
Vous échappe, et, soumis, vous prodiguez sans choix
Les vibrantes clartés dont l'abîme se dore.

Tu ne sais rien non plus, rose qui viens d'éclore,
Et vous ne savez rien, zéphyrs, fleuves et bois!
Et le monde invisible et celui que je vois
Ne savent rien d'un but et d'un plan que j'ignore.

L'ignorance est partout; et la divinité,
Ni dans l'atome obscur, ni dans l'humanité,
Ne se lève en criant : « Je suis et me révèle! »

Etrange vérité, pénible à concevoir,
Gênante pour le cœur comme pour la cervelle,
Que l'Univers, le Tout, soit Dieu sans le savoir!

LA CONFESSION

Un de mes grands péchés me suivait pas à pas,
Se plaignant de vieillir dans un lâche mystère ;
Sous la dent du remords il ne se pouvait taire,
Et parlait haut tout seul quand je n'y veillais pas.

Voulant du lourd secret dont je me sentais las
Me soulager au sein d'un bon dépositaire,
J'ai, pour trouver la nuit, fait un trou dans la terre,
Et là j'ai confessé ma faute à Dieu, tout bas.

Heureux le meurtrier qu'absout la main d'un prêtre :
Il ne voit plus le sang épongé reparaître
A l'heure ténébreuse où le coup fut donné !

J'ai dit un moindre crime à l'oreille divine ;
Où je l'ai dit, la terre a fait croître une épine,
Et je n'ai jamais su si j'étais pardonné.

LES DEUX VERTIGES

Le voyageur, debout sur la plus haute cime,
A travers le rideau d'une rose vapeur,
Mesure avec la sonde immense de la peur
Sous ses genoux tremblants la fuite de l'abîme

De ce besoin de voir téméraire victime,
Du haut de la raison je sonde avec stupeur
Le dessous infini de ce monde trompeur,
Et je traîne avec moi partout mon gouffre intime.

L'abîme est différent, mais pareil notre émoi :
Le grand vide, attirant le voyageur, l'étonne ;
Sollicité par Dieu, j'ai des éclairs d'effroi !

Mais lui, par son vertige il ne surprend personne :
On trouve naturel qu'il pâlisse et frissonne ;
Et moi, j'ai l'air d'un fou ; je ne sais pas pourquoi.

LE DOUTE

La blanche Vérité dort au fond d'un grand puits.
Plus d'un fuit cet abîme ou n'y prend jamais garde ;
Moi, par un sombre amour, tout seul je m'y hasarde,
J'y descends à travers la plus noire des nuits.

Et j'entraîne le câble aussi loin que je puis.
Or, je l'ai déroulé jusqu'au bout : je regarde,
Et, les bras étendus, la prunelle hagarde,
J'oscille sans rien voir ni rencontrer d'appuis.

Elle est là cependant, je l'entends qui respire ;
Mais, pendule éternel que sa puissance attire,
Je passe et je repasse et tâte l'ombre en vain.

Ne pourrai-je allonger cette corde flottante,
Ni remonter au jour dont la gaîté me tente ?
Et dois-je dans l'horreur me balancer sans fin ?

TOMBEAU

L'homme qu'on a cru mort, de son sommeil profond
S'éveille. Un frisson court dans sa chair engourdie ;
Il appelle. Personne! Et sa plainte assourdie
Lui semble retomber d'un étrange plafond.

Seul dans le vide épais que les ténèbres font,
Il écoute, et, roulant pleine de léthargie
Sa prunelle par l'ombre et la peur élargie,
Il sonde éperdument l'obscurité sans fond.

Personne ! A se dresser faible et lent il s'apprête,
Et voilà que des pieds, des reins et de la tête,
Horreur! il a heurté six planches à la fois.

Dors, ne te dresse plus vers le haut empyrée;
O mon âme, retiens ton essor et ta voix
Pour ne pas te sentir toute vive enterrée.

RÊVE

REPOS

Ni l'amour ni les dieux ! Ce double mal nous tue.
Je ne poursuivrai plus la guêpe du baiser,
Et, las d'approfondir, je veux me reposer
De l'ingrate besogne où mon front s'évertue.

Ni l'amour ni les dieux ! Qu'enfin je m'habitue
A ne sentir jamais le désir m'embraser,
Ni l'éternel secret des choses m'écraser !
Qu'enfin je sois heureux ! Que je vive en statue,

Comme un Terme habitant sa gaîne avec plaisir !
Il emprunte une vie auguste à la nature ;
Une mousse lui fait sa verte chevelure ;

Un liseron lui fait des lèvres sans soupir ;
Une feuille est son cœur ; un lierre ami, ses hanches ;
Et ses yeux souriants sont faits de deux pervenches.

SIESTE

Je passerai l'été dans l'herbe, sur le dos,
La nuque dans les mains, les paupières mi-closes,
Sans mêler un soupir à l'haleine des roses
Ni troubler le sommeil léger des clairs échos.

Sans peur je livrerai mon sang, ma chair, mes os,
Mon être, au cours de l'heure et des métamorphoses,
Calme et laissant la foule innombrable des causes
Dans l'ordre universel assurer mon repos.

Sous le pavillon d'or que le soleil déploie,
Mes yeux boiront l'éther, dont l'immuable joie
Filtrera dans mon âme au travers de mes cils,

Et je dirai, songeant aux hommes : « Que font-ils ? »
Et le ressouvenir des amours et des haines
Me bercera, pareil au bruit des mers lointaines.

ÉTHER

Quand on est sur la terre étendu sans bouger,
Le ciel paraît plus haut, sa splendeur plus sereine;
On aime à voir, au gré d'une insensible haleine,
Dans l'air sublime fuir un nuage léger;

Il est tout ce qu'on veut : la neige d'un verger,
Un archange qui plane, une écharpe qui traîne,
Ou le lait bouillonnant d'une coupe trop pleine;
On le voit différent sans l'avoir vu changer.

Puis un vague lambeau lentement s'en détache,
S'efface, puis un autre, et l'azur luit sans tache,
Plus vif, comme l'acier qu'un souffle avait terni.

Tel change incessamment mon être avec mon âge;
Je ne suis qu'un soupir animant un nuage,
Et je vais disparaître, épars dans l'infini.

SUR L'EAU

Je n'entends que le bruit de la rive et de l'eau,
Le chagrin résigné d'une source qui pleure
Ou d'un rocher qui verse une larme par heure,
Et le vague frisson des feuilles de bouleau.

Je ne sens pas le fleuve entraîner le bateau,
Mais c'est le bord fleuri qui passe, et je demeure ;
Et dans le flot profond, que de mes yeux j'effleure,
Le ciel bleu renversé tremble comme un rideau.

On dirait que cette onde en sommeillant serpente,
Oscille et ne sait plus le côté de la pente :
Une fleur qu'on y pose hésite à le choisir.

Et, comme cette fleur, tout ce que l'homme envie
Peut se venir poser sur le flot de ma vie
Sans désormais m'apprendre où penche mon désir.

LE VENT

Il fait grand vent, le ciel roule de grosses voix,
Des géants de vapeur y semblent se poursuivre,
Les feuilles mortes fuient avec un bruit de cuivre,
On ne sait quel troupeau hurle à travers les bois.

Et je ferme les yeux et j'écoute. Or je crois
Ouïr l'âpre combat qui nuit et jour se livre :
Cris de ceux qu'on enchaîne et de ceux qu'on délivre,
Rumeur de liberté, son du bronze des rois...

Mais je laisse aujourd'hui le grand vent de l'histoire
Secouer l'écheveau confus de ma mémoire
Sans qu'il éveille en moi des regrets ni des vœux,

Comme je laisse errer cette vaine tempête
Qui passe furieuse en flagellant ma tête
Et ne peut rien sur moi qu'agiter mes cheveux.

HORA PRIMA

J'ai salué le jour dès avant mon réveil :
Il colorait déjà ma pesante paupière,
Et je dormais encor, mais sa rougeur première
A visité mon âme à travers le sommeil.

Pendant que je gisais immobile, pareil
Aux morts sereins sculptés sur les tombeaux de pierre,
Sous mon front se levaient des pensers de lumière,
Et, sans ouvrir les yeux, j'étais plein de soleil.

Le frais et pur salut des oiseaux à l'aurore,
Confusément perçu, rendait mon cœur sonore,
Et j'étais embaumé d'invisibles lilas.

Hors du néant, mais loin des secousses du monde,
Un moment j'ai connu cette douceur profonde
De vivre sans dormir, tout en ne veillant pas.

A KANT

Je veux de songe en songe avec toi fuir sans trêve
Le sol avare et froid de la réalité :
Le rêve offre toujours une hospitalité
Sereine et merveilleuse à l'âme qu'il soulève.

Et, tu l'as dit, ce monde, après tout, n'est qu'un rêve,
Fantôme insaisissable à qui l'a médité,
Apparence cruelle et sans solidité
Où l'idéal s'ébauche et jamais ne s'achève.

Chaque sens fait un rêve : harmonie et parfum,
Saveur, couleur, beauté, toute forme en est un ;
L'homme à ces spectres vains prête un corps qu'il invente.

Ému, je ne sais rien de la cause émouvante :
C'est moi-même ébloui que j'ai nommé le ciel,
Et je ne sens pas bien ce que j'ai de réel.

LA VIE DE LOIN

Ceux qui ne sont pas nés, les peuples de demain,
Entendent vaguement, comme de sourds murmures,
Les grands coups de marteaux et les grands chocs d'armures
Et tous les battements des pieds sur le chemin.

Ce tumulte leur semble un immense festin,
Dans un doux bruit de flots, sous de folles ramures;
Et déjà, tressaillant au sein des vierges mûres,
Tous réclament la vie et le bonheur certain.

Il n'est donc pas un mort qui, de retour dans l'ombre,
Leur dise que cet hymne est fait de cris sans nombre
Et qu'ils dorment en paix sur un enfer béant,

Afin que ces heureux qui n'ont ni pleurs ni rire
Écoutent sans envie, autour de leur néant,
Le tourbillon maudit des atomes bruire?

LES AILES

Grand ciel, tu m'es témoin que j'étais tout enfant
Quand par témérité j'ai demandé des ailes;
Convoitant de si bas les voûtes éternelles,
Mes vœux n'altéraient pas ton calme triomphant.

Je me sentais mourir dans un air étouffant,
Ciel pur! et j'aspirais à des saisons nouvelles;
Et c'est ta faute aussi, puisque tu nous appelles
Par ton sublime azur, par l'oiseau qui le fend!

Maintenant qu'épuisé, vaincu, je te proclame
Trop vaste pour tenir tout entier dans mon âme,
Pourquoi te venges-tu d'impuissantes amours?

Et quel jaloux archange aux gaîtés malfaisantes
M'a planté dans le dos ses deux ailes géantes
Qui palpitent sans cesse en m'accablant toujours?

DERNIÈRES VACANCES

Heureux l'enfant qui meurt dans sa septième année
Avant l'âge où le cœur doit saigner pour jouir;
Qui meurt de défaillance, en regardant bleuir
Sous les orangers d'or la Méditerranée!

On ne tient plus son âme aux leçons enchaînée,
Et, libre de s'éteindre, il croit s'épanouir.
Plus de maîtres! c'est lui qui se fait obéir,
Et sa mère est pour lui comme une sœur aînée.

Par sa faiblesse même il fait céder les forts;
Il prend ce qu'il désire avant qu'on le lui donne,
Et sa pâleur l'absout avant qu'on lui pardonne.

Indocile et choyé, paresseux sans remords,
C'est en suivant des yeux la fuite d'un navire
Qu'un soir, pendant qu'il rêve un voyage, il expire.

FIN DU RÊVE

Le rêve, serpent traître éclos dans le duvet,
Roule autour de mes bras une flatteuse entrave,
Sur mes lèvres distille un philtre dans sa bave,
Et m'amuse aux couleurs changeantes qu'il revêt.

Depuis qu'il est sorti de dessous mon chevet,
Mon sang glisse figé comme une tiède lave,
Ses nœuds me font captif et ses regards esclave,
Et je vis comme si quelque autre en moi vivait.

Mais bientôt j'ai connu le mal de sa caresse ;
Vainement je me tords sous son poids qui m'oppresse,
Je retombe et ne peux me défaire de lui.

Sa dent cherche mon cœur, le retourne et le ronge ;
Et, tout embarrassé dans des lambeaux de songe,
Je meurs. — O monstre lourd ! qui donc es-tu ? — L'Ennui.

ACTION

HOMO SUM

Durant que je vivais, ainsi qu'en plein désert,
Dans le rêve, insultant la race qui travaille,
Comme un lâche ouvrier ne faisant rien qui vaille
S'enivre et ne sait plus à quoi l'outil lui sert,

Un soupir, né du mal autour de moi souffert,
M'est venu des cités et des champs de bataille,
Poussé par l'orphelin, le pauvre sur la paille,
Et le soldat tombé qui sent son cœur ouvert.

Ah ! parmi les douleurs, qui dresse en paix sa tente,
D'un bonheur sans rayons jouit et se contente,
Stoïque impitoyable en sa sérénité ?

Je ne puis : ce soupir m'obsède comme un blâme,
Quelque chose de l'homme a traversé mon âme,
Et j'ai tous les soucis de la fraternité.

LA PATRIE

Viens, ne marche pas seul dans un jaloux sentier,
Mais suis les grands chemins que l'humanité foule ;
Les hommes ne sont forts, bons et justes, qu'en foule :
Ils s'achèvent ensemble, aucun d'eux n'est entier.

Malgré toi tous les morts t'ont fait leur héritier ;
La patrie a jeté le plus fier dans son moule,
Et son nom fait toujours monter comme une houle
De la poitrine aux yeux l'enthousiasme altier !

Viens, il passe au forum un immense zéphyre ;
Viens, l'héroïsme épars dans l'air qu'on y respire
Secoue utilement les moroses langueurs.

Laisse à travers ton luth souffler le vent des âmes,
Et tes vers flotteront comme des oriflammes
Et comme des tambours sonneront dans les cœurs.

UN SONGE

Le laboureur m'a dit en songe : Fais ton pain,
Je ne te nourris plus, gratte la terre et sème.
Le tisserand m'a dit : Fais tes habits toi-même.
Et le maçon m'a dit : Prends la truelle en main.

Et seul, abandonné de tout le genre humain
Dont je traînais partout l'implacable anathème,
Quand j'implorais du ciel une pitié suprême,
Je trouvais des lions debout dans mon chemin.

J'ouvris les yeux, doutant si l'aube était réelle :
De hardis compagnons sifflaient sur leur échelle,
Les métiers bourdonnaient, les champs étaient semés ;

Je connus mon bonheur et qu'au monde où nous somme
Nul ne se peut vanter de se passer des hommes ;
Et depuis ce jour-là je les ai tous aimés.

L'AXE DU MONDE

Atlas porte le monde, et, les poings sur les reins,
Suant, le front plissé, le sang à la narine ;
Il pleure, et dans le creux de sa grande poitrine
Appuie en gémissant sa barbe aux rudes crins.

« Debout ! forgez des socs, des leviers et des freins !
Crie Atlas aux mortels que le travail chagrine ;
Les bêtes, les forêts, les champs et l'eau marine,
Subjugués, vous feront rivaux des dieux sereins ;

« C'est moi qu'ils ont chargé de la plus lourde tâche.
Aurez-vous à ce point l'âme inféconde et lâche
De rester fainéants quand je peine pour vous ?

« Dressez une montagne ou quelque énorme ville,
Pour égaler les dieux et rendre moins stérile
Le labeur éternel de mes fermes genoux. »

LA ROUE

Inventeur de la roue, inconnu demi-dieu,
Qui le premier, ployant un souple et ferme érable,
Créas cette œuvre antique, œuvre à jamais durable,
Ce beau cercle qui porte un astre en son milieu !

Par Orphée et par toi, par la lyre et l'essieu,
L'espace aux marbres lourds n'est plus infranchissable,
Et nous voyons glisser comme l'eau sur le sable
Les pierres que leur poids rivait au même lieu.

Quand la terre frémit d'un roulement sonore,
L'élite des coursiers dans les enfers t'honore
Au souvenir des chars qu'entraînaient leurs grands pas ;

Mais que la roue aux chars d'Olympie était lente !
Regarde-la qui vibre et fuit, toute brûlante
D'une rapidité que tu n'inventas pas !

LE FER

Nous avons oublié combien la terre est dure :
Au pas lent de nos bœufs le fer tranchant du soc
L'entame en retournant le chaume et la verdure,
La divise, et soulève un gros et large bloc.

Ce labeur dont les mains saignaient, le fer l'endure.
Plus souple que l'ormeau, plus ferme que le roc,
Il tient sans trahison tant que sa tâche dure,
Patient sous l'effort, inaltérable au choc.

O vous tous, bienfaiteurs par amour ou génie,
De tous les temps, de race ou maudite ou bénie,
Sans choix je vous salue, et, si j'osais trier,

J'admirerais surtout les nouveaux qu'on renomme,
Mais je proclamerais premier sauveur de l'homme
Tubalcaïn, l'enfant du premier meurtrier !

UNE DAMNÉE

La forge fait son bruit, pleine de spectres noirs.
Le pilon monstrueux, la scie âpre et stridente,
L'indolente cisaille atrocement mordante,
Les lèvres sans merci des fougueux laminoirs,

Tout hurle, et dans cet antre, où les jours sont des soirs
Et les nuits des midis d'une rougeur ardente,
On croit voir se lever la figure de Dante
Qui passe, interrogeant d'éternels désespoirs :

C'est l'enfer de la Force obéissante et triste.
« Quel ennemi toujours me pousse ou me résiste ?
Dit-elle. N'ai-je point débrouillé le chaos ? »

Mais l'homme, devinant ce qu'elle peut encore,
Plus hardi qu'elle, et riche en secrets qu'elle ignore,
Recule à l'infini l'heure de son repos.

L'ÉPÉE

Qu'est ce tranchant de fer souple, affilé, pointu ?
Ce ne sont pas les flancs de la terre qu'il fouille,
Ni les pierres qu'il fend, ni les bois qu'il dépouille.
Quel art a-t-il servi, quel fléau combattu ?

Est-ce un outil ? Non pas ! car l'homme de vertu
L'abhorre : ce n'est pas la sueur qui le mouille,
Et ce qu'on aime en lui, c'est la plus longue rouille.
« Lame aux éclairs d'azur et de pourpre, qu'es-tu ?

— Je suis l'épée, outil des faiseurs d'ossuaires,
Et, comme l'ébauchoir aux mains des statuaires,
Je cours au poing des rois, taillant l'homme à leur gré.

« Or, je dois tous les ans couper la fleur des races,
Jusqu'à l'heure où la chair se fera des cuirasses,
Plus fortes que le fer, avec le droit sacré. »

AUX CONSCRITS

Tant que vous marcherez sous le soleil des plaines,
Par les mauvais chemins poussant les lourds canons,
O frères, dont les rois ne savent pas les noms,
Et qui ne savez rien de leurs subtiles haines ;

Tant qu'au hasard frappés par les armes lointaines
Ou parmi la mêlée aveugle et sans pardons,
Vous mourrez dans l'horreur de tous les abandons,
Altérés et rêvant aux natales fontaines ;

Nous lutterons aussi, nous qui sommes restés ;
Nous n'achèterons plus de lâches voluptés,
O fils des paysans vainement économes !

Mais nous travaillerons, tourmentés du remords
D'avoir payé le sang des autres jeunes hommes,
Et peut-être aurons-nous nos blessés et nos morts.

CHAGRIN D'AUTOMNE

Les lignes du labour dans les champs en automne
Fatiguent l'œil, qu'à peine un toit fumant distrait,
Et la voûte du ciel tout entière apparaît,
Bornant d'un cercle nu la plaine monotone.

En des âges perdus dont la vieillesse étonne
Là même a dû grandir une vierge forêt,
Où le chant des oiseaux sonore et pur vibrait,
Avec l'hymne qu'au vent le clair feuillage entonne !

Les poëtes chagrins redemandent aux bras
Qui font ce plat désert sous des rayons sans voile
La verte nuit des bois que le soleil étoile ;

Ils pleurent, oubliant, dans leurs soupirs ingrats,
Que des mornes sillons sort le pain qui féconde
Leurs cerveaux, dont le rêve est plus beau que le monde !

DANS L'ABIME

Le fond de l'océan ravit l'œil des sondeurs :
Mystérieux printemps, Éden multicolore
Qui tressaille en silence et ne cesse d'éclore
Aux frais courants, zéphyrs des glauques profondeurs.

Lourds oiseaux d'un ciel vert, d'innombrables rôdeurs,
Dans les enlacements d'une vivante flore,
Et sous un jour voilé comme une pâle aurore,
Glissent en aspirant les marines odeurs.

C'est là qu'immense et lourd, loin de l'assaut des ondes,
Un câble, un pont jeté pour l'âme entre deux mondes,
Repose en un lit d'algue et de sable nacré ;

Car la foudre qu'hier l'homme aux cieux alla prendre,
Il la fait maintenant au fond des mers descendre,
Messagère asservie à son verbe sacré.

EN AVANT!

Il est donc vrai! la terre est si vieille! Oh! raconte
Comment elle a trouvé son solide contour,
Le vaporeux chaos, sa lutte avec le jour,
L'universelle mer, le sol herbeux qui monte,

L'affreux serpent ailé, le pesant mastodonte,
Puis l'air pur, le ciel bleu, la rose, Ève, l'amour,
Le monde entier, qui marche en avant sans retour,
A pas lents et certains que son écorce compte!

Dis-moi surtout, dis-moi qu'il ne s'est point lassé,
Qu'il aspire du fond d'un éternel passé
Au terme indéfini de sa beauté future.

O savant curieux, mais dur, qui soulevas
Les langes chauds encor de la vive nature,
Prouve au moins l'Idéal si tu ne le sens pas!

RÉALISME

Elle part, mais je veux, à mon amour fidèle,
La garder tout entière en un pieux portrait,
Portrait naïf où rien ne me sera soustrait
Des grâces, des défauts, chers aussi, du modèle.

Arrière les pinceaux ! sur la toile cruelle
Le profane idéal du peintre sourirait :
C'est elle que je veux, c'est elle trait pour trait,
Belle d'une beauté que seul je vois en elle:

Mais, ô soleil, ami qui la connais le mieux,
Qui prêtes à son cœur, quand nous sommes ensemble,
Tes rayons les plus purs pour luire dans ses yeux,

Artiste dont la main ne cherche ni ne tremble,
Viens toi-même au miroir que je t'offre imprimer
Chacun de ces rayons qui me la font aimer.

LE MONDE A NU

Entouré de flacons, d'étranges serpentins,
De fourneaux, de matras aux encolures torses,
Le chimiste, sondant les caprices des forces,
Leur impose avec art des rendez-vous certains.

Il règle leurs amours jusque-là clandestins,
Devine et fait agir leurs secrètes amorces,
Les unit, les provoque à de brusques divorces,
Et guide utilement leurs aveugles destins.

Apprends-moi donc à lire au fond de tes cornu
O sage qui sais voir les forces toutes nues,
L'intérieur du monde au delà des couleurs;

De grâce, introduis-moi dans cet obscur empire :
C'est aux réalités sans voile que j'aspire;
Trop belle, l'apparence est féconde en douleurs.

LE RENDEZ-VOUS

Il est tard; l'astronome aux veilles obstinées,
Sur sa tour, dans le ciel où meurt le dernier bruit
Cherche des îles d'or, et, le front dans la nuit,
Regarde à l'infini blanchir des matinées;

Les mondes fuient pareils à des graines vannées;
L'épais fourmillement des nébuleuses luit;
Mais, attentif à l'astre échevelé qu'il suit,
Il le somme et lui dit : « Reviens dans mille années. »

Et l'astre reviendra. D'un pas ni d'un instant
Il ne saurait frauder la science éternelle;
Des hommes passeront, l'humanité l'attend;

D'un œil changeant mais sûr elle fait sentinelle;
Et, fût-elle abolie au temps de son retour,
Seule, la Vérité veillerait sur la tour.

LES TÉMÉRAIRES

Du pôle il va tenter les merveilleux hivers ;
Il part, le grand navire ! Une puissante enflure
Au souffle d'un bon vent lève et tend la voilure
Sur trois beaux mâts portant neuf vergues en travers.

Il est parti. Là-bas, au soleil, dans les airs
Traînant son pavillon comme une chevelure,
Il a pris sa superbe et gracieuse allure
Et du côté du Nord gagne les hautes mers.

D'un œil triste je suis au loin son blanc sillage :
Il va sombrer peut-être au but de son voyage,
Par des géants de glace étreint de toutes parts !

Et près de moi, debout, l'enfant du capitaine,
Dans la brise ravi vers la brume lointaine,
Agite dans son cœur d'aventureux départs.

LA JOIE

Pour une heure de joie unique et sans retour,
De larmes précédée et de larmes suivie,
Pour une heure tu peux, tu dois aimer la vie :
Quel homme, une heure au moins, n'est heureux à son tour?

Une heure de soleil fait bénir tout le jour,
Et quand ta main serait tout le jour asservie,
Une heure de tes nuits ferait encore envie
Aux morts, qui n'ont plus même une nuit pour l'amour.

Ne te plains pas, tu vis! Plus grand que misérable!
Et l'univers, jaloux de ton cœur vulnérable,
Achèterait la joie au même prix que lui;

Pour la goûter, si peu que cette ivresse dure,
Les monts accepteraient l'éternelle froidure,
L'Océan l'insomnie, et les déserts l'ennui.

AU DÉSIR

Ne meurs pas encore, ô divin Désir,
  Qui sur toutes choses
Vas battant de l'aile et deviens plaisir
  Dès que tu te poses.

Rôdeur curieux, es-tu las d'ouvrir
  Les lèvres, les roses?
N'as-tu désormais rien à découvrir
  Au pays des causes?

Couvre de baisers la face du beau,
Jusqu'au fond du vrai porte ton flambeau,
  Fils de la jeunesse!

Encor des pensers, encor des amours!
Que ta grande soif s'abreuve toujours
  Et toujours renaisse!

A AUGUSTE BRACHET

Ami, la passion du Verbe et de ses lois
Nous obsède tous deux. Toi, d'une oreille austère,
Tu scrutes savamment le son dépositaire
Du génie et du cœur des hommes d'autrefois ;

Tu sais sur quel passage appuie ou court la voix,
Sous quelle fixe règle un mot vibre et s'altère.
Moi qui, sans le sonder, jouis de ce mystère,
Je nombre le langage en comptant sur mes doigts ;

J'observe à mon insu les lois que tu démontres ;
Je devine les mots, leurs divines rencontres,
Le secret de leur vie et l'art de les choisir.

Échangeons nos travaux pour adoucir nos veilles :
Dis-moi la discipline et les mœurs des abeilles,
Et je recueillerai leur miel pour ton plaisir.

LES ÉCURIES D'AUGIAS

LES ÉCURIES D'AUGIAS

Augias, roi d'Élis, avait trois mille bœufs.
Plein d'aise en les voyant, il chérissait en eux
Le bien qu'avaient accru ses longs jours économes.
Mais le Destin jaloux en veut au bien des hommes :
Les murs où s'abritait le mugissant bétail,
Désertés, n'étaient plus qu'un vaste épouvantail,
Car des ruisseaux vaseux de la vieille écurie
Surgissait une blême et terrible Furie,
La peste ! Et la campagne était lugubre à voir :
Plus de sillons, partout le gazon sec et noir
Sous un rayonnement qui semblait immobile.
Les pâtres ayant fui vers l'ombre de la ville,
On voyait çà et là des bœufs maigres errer.
Seul au ciel, Apollon, glorieux d'éclairer,
Mais irrité souvent des choses qu'il éclaire,
Dardait de longs traits d'or tout brûlants de colère.

Le roi, dans son palais enfermé tout le jour,
Laissait gronder le peuple et s'étourdir la cour,
Et, pendant que ses fils, beaux, et fiers de leur âge,
Présomptueux, traitant la mort avec outrage,
Se gorgeaient à grand bruit de viande et de boisson
Et dévoraient d'un coup la dernière moisson,
Inutile témoin du mal qui l'environne,
Il pesait tristement ses trésors, la couronne
Qui ne conserve pas ce qu'un fléau détruit,
Et l'or qui n'est plus rien quand la terre est sans fruit.
Ainsi se lamentait sa vieillesse frustrée,
Quand il apprit qu'Alcide explorait la contrée.
Il l'envoya quérir et lui dit son malheur :
« Vois les maux que nous font la peste et la chaleur,
Le soc abandonné par des mains misérables,
L'air infect et la mort. Lave donc mes étables,
Et je t'offre une part de mon bien le plus cher,
Un dixième des bœufs. » Le fils de Jupiter,
Trois fois grand par le cœur, la force et la stature,
Sourit au seul penser d'une utile aventure ;
Mais comme il voyait là les nombreux fils du roi :
« Le péril tout entier ne sera pas pour moi ;
N'ayant droit qu'à mon lot, jeunes gens, je m'étonne
Que le reste n'en soit réclamé de personne. »

— « Moi, dit Crès, je suis brave à dompter les chevaux,
Seul je confie un char à des couples nouveaux
Que le fouet exaspère et qu'une ombre effarouche;
Nul ne sait d'une main plus légère à la bouche
Contenir à la fois l'ardeur et l'exciter,
En côtoyant la borne à propos l'éviter,
Et faire bien tourner quatre étalons ensemble.
J'aime un ferme terrain qui résonne et qui tremble,
Et je n'irai jamais, au prix de trois cents bœufs,
M'embarrasser les pieds dans ce fumier bourbeux. »
Phémios dit : « Je reste et ne suis point un lâche,
Mais je n'ai pas le cœur à cette indigne tâche.
Les chiens tumultueux au plus profond des bois,
Sur la piste allongés, hurlant tous à la fois,
La trompe, l'arc vibrant, le poil où le sang coule,
Le sanglier lancé comme un rocher qui roule,
C'est mon plaisir ! Il vaut un périlleux labeur :
Souvent l'énorme bête, et je n'ai pas eu peur,
M'a fait, en s'acculant, sentir ses crocs d'ivoire.
Qu'un autre à se salir triomphe ! j'ai ma gloire. »
Alors Mégas : « Hercule, apprends-moi qui je crains.
D'un lutteur colossal je fais crier les reins;
Mes bras en le serrant d'une immobile étreinte
L'étouffent, et sa chair garde ma forte empreinte;

Je cours, je lance un disque aussi loin que je veux,
J'excelle au pugilat, je suis le roi des jeux ;
Mais depuis quand fait-on d'une étable un gymnase ? »
— « Pétrir la grasse argile, y façonner un vase
Dont la rondeur soit ample et le profil heureux ;
Ménager avec art les reliefs et les creux ;
Alentour enchaîner des nymphes par les danses,
Et courber savamment la spirale des anses :
Je ne sais rien de plus, je ne veux rien de plus ;
Les exploits me sont vains et les biens superflus :
J'aime. » Philée ainsi parla le quatrième.
— « Qui n'ose pas lutter avec le dégoût même
Connaît encor la crainte et n'est pas vraiment fort,
Dit Hercule ; pour moi, j'affronterai la mort,
Qu'on la nomme lion ou qu'on la nomme peste.
Chasseur, lutteur, restez ; dompteur de chevaux, reste ;
Et toi surtout demeure, ami des beaux contours,
Enfant qu'un peu de glaise amuse, aime toujours ;
Dans le temps de rapine et de meurtre où nous sommes,
Il en faut comme toi pour adoucir les hommes.
J'irai seul. » Il partit, laissant les orgueilleux
Lui lancer par dépit d'ironiques adieux ;
Et seul Philée en pleurs sentait pour tous la honte.
Le vieux roi, qui trouvait au dévoûment son compte,

Sourit : « Va, » lui dit-il. Et le long du chemin
Le peuple saluait l'aventurier divin.

Les étables dormaient dans l'imposant silence
Des choses que la mort détruit sans violence,
Et calmes poursuivaient au jour leur œuvre impur :
Tel un corps de Titan qui pourrit sous l'azur.
Hercule, mesurant à sa vigueur la peine,
Espérait en finir sur l'heure et d'une haleine :
La porte était fermée, il en tord les vieux fers,
Et dans le noir cloaque entre comme aux enfers.
Aussitôt l'araignée en son gîte surprise
Se sauve en l'aveuglant de son écharpe grise ;
Il descend jusqu'aux reins dans un marais profond,
Et se heurte la tête aux poutres du plafond ;
L'air plein d'âcres odeurs le suffoque et l'oppresse ;
Des taureaux morts, croupis dans une ordure épaisse,
Encombrent le chemin, l'un sur l'autre couchés ;
Des reptiles luisants glissent effarouchés ;
Il sent sous ses talons fuir des vivants funèbres ;
Et la chauve-souris, prêtresse des ténèbres,
Sous le toit en criant trace de noirs éclairs ;
Les mouches au vol lourd qui rôdent sur les chairs
Font luire et palpiter l'or douteux de leurs ailes.

— Les horreurs de ce lieu lui devenaient mortelles.
Il chancela bientôt, et ses puissants poumons,
Faits à l'air pur et sain des forêts et des monts,
Se gonflaient, réclamant cet air avec des râles,
Et ses tempes battaient, ses lèvres étaient pâles :
« Je veux sortir d'ici! » Mais il se sentit choir,
Et connut ce que c'est que de ne pas pouvoir
Quand on a dit : Je veux. « Il faut bien que je sorte,
« Je ne veux pas mourir... » Et jusques à la porte
Par un effort suprême il parvint à tâtons :
« Air sacré, jour sacré, lorsque nous vous goûtons,
Nous ignorons, dit-il, quels bienfaiteurs vous êtes,
Gaîté des vagabonds et force des athlètes! »
Il se leva, songeant comme il est doux de voir
Et doux de respirer ! et combien le devoir
Est dur, et qu'on n'a plus d'air ni de jour sans trouble
Quand on a préféré, devant le chemin double
Du facile bonheur et de l'âpre vertu,
L'étroit sentier qui monte et qui n'est point battu ;
Et que pourtant, s'il dût recommencer sa vie,
C'est le plus rude encor qui lui ferait envie !
Et, plein de ces pensers, comme il allait errant,
Il vit l'Alphée, un fleuve au rapide courant.
Une subite joie éclaira son visage :

Il rêva de cette onde un gigantesque usage,
Et, mesurant des yeux la courbe de son lit,
Sa profondeur, sa pente et sa force, il lui dit :
« Tu m'es, fleuve propice, envoyé par mon père.
Ces étables m'ont fait reculer, mais j'espère
Avec tes flots les vaincre en te prêtant mon bras ;
Viens, je vais t'y conduire et tu les balaîras. »

Il n'emprunta d'outils qu'à la forêt prochaine :
Avec un pieu taillé dans le plus dur d'un chêne
Dont le tronc dégrossi lui servait de maillet,
Comme un grand ciseleur le héros travaillait.
Sous la braise du ciel et les pieds dans la terre,
Il travaillait sans plainte, ouvrier solitaire,
Jusqu'à l'heure où, trahi du jour, mais non lassé,
Il dormait sous la lune au revers du fossé.
Bientôt dans la profonde et large déchirure
L'onde précipitée accourt, bondit, murmure,
Sur l'étable se rue et, grossissant toujours,
En fait sonner les toits de ses battements sourds ;
Les piliers sont rompus, et, pêle-mêle, en foule,
Taureaux, serpents, fumiers, soulevés par la houle,
Débouchent en formant de monstrueux îlots.
Alcide les reçoit, debout parmi les flots ;

De l'épaule, du dos, des mains et de la tête
Accélérant leur fuite, il aide la tempête.
Ah! la vague sinistre aux gorges de Scylla
Hurle moins haut l'hiver que ce déluge-là,
Et les coques des nefs que froissent les tourmentes
S'entre-choquent moins fort que ces vastes charpentes.
La mer Ionienne, où roulent les débris,
Semble au loin toute noire à ses Tritons surpris;
Et sur cette débâcle aux bienfaisants désastres
Se lèvent quatre fois et se couchent les astres.
Enfin l'eau sans effort lèche les noirs pavés,
Et les laisse en passant derrière elle lavés.

Alors, comme un vainqueur dans la ville en alarmes
Court annoncer la paix, tout en sang sous les armes,
Il ne secoua pas sa fange, et sans délais,
Suivi du peuple en fête, alla droit au palais.
Ses cheveux dégouttaient sur son front et ses joues,
Et, dans sa joie, Alcide enveloppé de boues
Ressemblait, non moins beau mais plus terrible encor,
A l'ébauche d'un dieu de marbre noir et d'or.
Il parut; la hauteur de ses regards farouches
Déconcerta le rire éveillé sur les bouches,
Car les fils d'Augias, de sa gloire envieux,

Raillant son front souillé rencontrèrent ses yeux,
Et le regard suffit au châtiment du rire.
« Tu seras, dit le roi, célébré par la lyre. »
Le sublime ouvrier lui demanda son prix,
Trois cents bœufs. Augias, d'un air simple et surpris :
« Je n'en dois pas trois cents. — Par les Dieux je l'atteste.
— De mes trois mille bœufs, c'est plus qu'il ne me reste.
— L'injustice m'émeut plus que la perte, ô roi !
— Ce que tu viens de faire était un jeu pour toi.
— Un jeu ! dispute-moi mon lucre et non ma gloire !
— Qu'avais-je donc promis ? — J'aiderai ta mémoire :
Un dixième des bœufs. — Mais lesquels ? — Ceux d'alors.
— Ceux d'aujourd'hui. — Tu mens ! — Paye-toi sur les morts. »
Le fils de Jupiter n'y put tenir : « Ah ! fourbe,
Je laverai du moins dans ton sang cette bourbe ;
Et vous tous qui trouvez mes labeurs si plaisants !
O lutteur, j'étouffais des lions à seize ans ;
Dompteur fier de courber les fronts de quatre bêtes,
Moi j'ai maîtrisé l'hydre aux innombrables têtes ;
Coureur, j'ai mieux que toi précipité mes pas,
La biche aux pieds d'airain ne me fatiguait pas ;
Chasseur, sans le secours de la flèche volante,
J'ai pris au poil du cou le monstre d'Érymanthe ;
Et, n'eussé-je purgé ni les monts ni les bois,

Je me croirais meilleur que vous tous à la fois,
Si, sur votre parole, au plus ignoble ouvrage
J'ai pour le bien d'un peuple exercé mon courage. »

Il dit, et, saisissant de son poing souverain
Par l'un des quatre pieds le lourd trône d'airain,
Le lança tournoyant comme un caillou de fronde
Sur le traître et ses fils ; et, justicier du monde,
Couronna le plus jeune, épris de l'art sacré,
Parce qu'au lieu de rire il avait admiré.
Il sortit du palais, rouge et plein de colère,
En criant : « Je suis las des peines sans salaire ! »
Et les femmes en foule avec des linges blancs
Essuyaient le limon qui coulait de ses flancs,
Les enfants s'attachaient à sa cuisse robuste,
Et les hommes serraient sa main puissante et juste.

# CROQUIS ITALIENS

CROQUIS ITALIENS

PARME

L'air doux n'est troublé d'aucun bruit,
Il est midi, Parme est tranquille ;
Je ne rencontre dans la ville
Qu'un abbé que son ombre suit.

Sa redingote fait soutane
Et lui tombe jusqu'aux talons.
Il porte un feutre aux bords très-longs,
Culotte courte et grande canne.

Cet abbé chemine en priant,
Et, seul au milieu de la rue,
Tout noir, il fait sa tache crue
Sur le ciel tendre et souriant.

Parme, octobre 1866.

FRA BEATO ANGELICO

Avant le lever du soleil,
Quand aux yeux il n'apporte encore
Qu'un pressentiment de l'aurore,
Et qu'il blanchit plus qu'il ne dore
Les champs émus d'un lent réveil,

Au jour qui commence de croître,
La vitre luit sous les barreaux,
Et les colonnettes du cloître
Sentent l'ombre des passereaux;

Le laurier, la rose trémière,
Qui fleurissent autour du puits,
Se redressent vers la lumière
En distillant les pleurs des nuits,
Et le jardin fait sa prière.

C'est l'heure où, bénissant le jour
Dont sa paupière se colore,

Fra Beato sent le retour
Des paradis avec l'aurore.

Et voici qu'un long trait de feu,
Violet, jaune, rouge et bleu,
Par la grille de la cellule
Vient nacrer la pâleur du mur,
Comme une vive libellule
Qui se pose sur un lis pur.

Et le moine ouvrant les prunelles,
Avec ce rayon pour pinceau,
Fait les anges brillants et frêles
Qui forment de leurs fines ailes,
Sur la Vierge un splendide arceau.

Florence, octobre 1866.

LE JOUR ET LA NUIT

SAN LORENZO

Au-dessus du tombeau trône un guerrier nu-tête
Qui dresse un front de roi sur un buste d'athlète.
Tuniques et manteaux jusqu'aux hanches tombés
Laissent voir la poitrine aux grands muscles bombés,
Virils témoins d'un âge où la force est bien mûre,
Et, sous le beau travail d'une opulente armure,
Les épaules, malgré le fardeau de l'airain,
Gardent l'aplomb tranquille et le contour serein.
Mais, un pied retiré, l'autre en avant du siége,
Toujours prêt à surgir comme un dieu qui protége,
Et sans quitter le sceptre en paix sur ses genoux,
Tournant la tête, il parle à de plus forts que nous

Plus bas, sur le versant d'une corniche étroite,
Un géant, c'est le Jour, couché, la tête droite
Et de face, le front brutal et soucieux,
Remonte son épaule au niveau de ses yeux.

Il s'accoude en arrière et par devant ramène
L'autre bras; et telle est sa pose surhumaine
Qu'il montre en même temps son ventre aux plis profonds
Et son dos formidable où se croisent des monts;
Et, sur son genou droit posant son talon gauche,
Il lève des yeux d'ombre où le réveil s'ébauche.

A côté, cette femme effrayante qui dort,
Et se dompte à l'oubli par un si grand effort
Qu'on s'étonne, en voyant sa torpeur, qu'elle puisse
De son coude obstiné rejoindre ainsi sa cuisse,
C'est la Nuit. Elle songe entre hier et demain,
Le visage dans l'ombre incliné sur la main,
Abritant un hibou sous sa jambe ployée
Et l'épaule au rocher près d'un masque appuyée.
Vainement à son frère elle tourne le dos,
Le souvenir du Jour obsède son repos.
— Ah! maître, quand tu mis l'horreur dans cette pierre,
Tu savais que c'est peu de fermer la paupière,
Tu le savais : rêver, c'est encore souffrir,
Et nul ne dort si bien qu'il n'ait plus à mourir.

Florence, octobre 1866.

DEVANT UN GROUPE ANTIQUE

Bienheureuse la destinée
D'un enfant grec du monde ancien !
Fruit d'un amoureux hyménée,
Il est gai d'une joie innée,
Et deux beaux sangs ont fait le sien.

C'est Pan, bénévole et farouche,
Qui forme son cœur et sa voix :
Il lui met la flûte à la bouche,
L'enfant souffle, le faune touche,
Et la leçon rit dans les bois.

Aux jeux qui font l'homme robuste
Ses muscles tendres durciront ;
Il sera fort, il sera juste :
Le gymnase élargit son buste,
Le Portique ennoblit son front.

Orateur de la République,
Contre les Perses odieux

Il parlera le verbe attique,
Il ira, soldat héroïque,
Mourir pour sa ville et ses Dieux!

Florence, octobre 1866.

PANNEAU

Dès l'aube, au vallon de Tempé,
Éros jouait avec Zéphire ;
Le meilleur de ses traits — le pire ! —
De son carquois d'or est tombé ;

Ce trait en eût l'aile brisée ;
Mais plus terrible, aux fleurs pareil,
Il luit comme elles au soleil,
La pointe en l'air dans la rosée.

Ah ! nymphes, le gazon trempé
Engendre des fièvres mortelles !
Gardez-vous de danser, mes belles,
Pieds nus, au vallon de Tempé.

Florence, octobre 1866.

PONTE SISTO

Il est au bord du Tibre un chaos de bâtisses
Plus noires au soleil que les cyprès la nuit,
Et qui, plongeant leur pied dans l'eau jaune qui fuit,
Y trempent constamment leur frange d'immondices.
Une gargouille en sort, et, le long du gros mur,
A creusé dans la pierre une verte traînée ;
En bas, au long roulis d'une barque enchaînée,
Branle un anneau rouillé qui mord le ciment dur.
Mais, à vingt pieds de l'onde, une étroite terrasse,
Dans l'amas inégal des sinistres taudis,
Forme sous une treille un profond paradis
Où le lierre au berceau des tonnelles s'enlace ;
La vigne aventureuse y prend son vif essor ;
Toujours il y sourit l'adorable mélange
Des pâleurs du citron aux rougeurs de l'orange ;
Et, si mes yeux ont bien percé ce fouillis d'or,
Des colombes sans bruit s'y becquetaient à l'aise,

Tandis qu'à l'autre rive, au-dessus des maisons,
Tristement se dressait, vide en toutes saisons,
La loge sans amours du grand palais Farnèse.

Rome, novembre 1866.

LE COLISÉE

La lune, merveilleuse et claire, grandissait,
Et, pendant que d'une ombre oblique s'emplissait,
Du fond jusques au bord, le colossal cratère,
Sereine elle montait, transfigurant la terre
Et mêlant à cette ombre une vapeur d'azur.
Minuit, le Colisée, un firmament très-pur !

Nous montâmes, guidés au rouge éclair des torches,
Tâtant d'un pied peu sûr l'effondrement des porches,
Et regardant sans voir dans les coins des piliers.
Par le dédale étroit des roides escaliers,
Nous gagnâmes enfin la plus haute terrasse.
De là, vers l'horizon vaste et noir, l'œil embrasse
Tout ce pays qui change, au déclin du soleil,
La couleur de son deuil sans changer de sommeil
Tout en bas, comme un point dans l'arène déserte,
Un soldat ombrageux crie à la moindre alerte.

Ah ! d'où vient que là-haut, malgré l'heure et le ciel
Et cette enceinte immense au profil éternel

Et l'effort surhumain que sa taille proclame,
Je n'ai rien éprouvé qui m'ait subjugué l'âme?
Mais, libre, je sentais palpiter mes chansons :
Tel, éclos pour jouir des meilleures saisons,
Dans un air épuré, de son aile indocile
L'oiseau bat la carcasse énorme d'un fossile.

Ces hommes étaient forts! que m'importe après tout?
Quand même ils auraient pu faire tenir debout
Un viaduc allant de Rome à Babylone,
A triple étage, orné d'une triple colonne,
Pouvant du genre humain soutenir tout le poids,
Et qu'ils l'eussent roulé sur lui-même cent fois,
Aussi facilement, et sans reprendre haleine,
Qu'autour de sa quenouille une enfant tord sa laine,
Et qu'ils eussent dressé mille dieux alentour,
Je ne saluerais pas la force sans l'amour!

Rome, décembre 1866.

L'ESCALIER DE L'ARA CŒLI

On a bâti là, plus réel
Que l'échelle du patriarche,
Un escalier dont chaque marche
Est vraiment un pas vers le ciel.

Dans la nature tout entière
L'architecte prit à son gré
Pour cet édifice sacré
La plus glorieuse matière :

Il prit des marbres sans rivaux,
Fragments de ces pierres illustres
Que la pioche aveugle des rustres
Brisait pour faire de la chaux,

Et qui toutes étincelèrent
Au front des temples abattus,
Ou que les Gracques et Brutus
Au Forum de leur pied foulèrent !

Il les prit et les entassa,
Rejeton hardi de la race
Qui, regardant les dieux en face,
Roulait Pélion sur Ossa.

Et malgré les hordes très-sales
De mendiants et de fiévreux
Se cherchant leur vermine entre eux
Sur ces assises colossales,

Bien qu'il s'y traîne des dévots
Dont une poupée est l'idole,
On y voit, comme au Capitole,
Monter les ombres des héros !

Rome, janvier 1867.

LA VOIE APPIENNE

Au temps rude et stoïque où l'on savait mourir
Sans plus rien regretter et sans plus rien attendre
Où l'on brûlait les morts, ne gardant que leur cendre,
Afin que rien d'humain n'eût l'affront de pourrir ;

Avant que pour jamais la nuit des catacombes
Eût posé sur le monde un crêpe humide et noir,
Et que la foi, mêlant la terreur à l'espoir,
Eût mis l'éternité douteuse au fond des tombes,

Les tombes n'étaient point d'un abord odieux :
Les Romains qui sortaient par la porte Capène
Sur la voie Appia marchaient, voyant à peine
Ces antiques témoins qui les suivaient des yeux.

Un chaud soleil dorait les dalles de basalte,
Et dans cette campagne au grand sourire clair,
Ces monuments pieux et sereins n'avaient l'air
Que d'inviter la vie à quelque heureuse halte !

Ils ne promettaient pas un royaume infini,
Mais un abri solide au vieux nom de famille ;
Celui que Métellus a bâti pour sa fille
Servit de forteresse à des Caëtani.

Et maintenant, malgré les injures sans nombre,
Les coups du nouveau peuple et de son nouveau dieu,
La ruine est encore assez haute en ce lieu
Pour couvrir une armée en marche de son ombre ;

Et le long du chemin, rangés sur les deux bords,
Gisent des bustes blancs aux prunelles funèbres
Où le sable et la pioche ont mis plus de ténèbres
Que la corruption dans les yeux des vrais morts.

Dans les champs d'alentour qu'agrandit leur détresse
Errent le pâtre antique et l'antique troupeau,
Et parfois, sur le ciel, au-dessus d'un tombeau,
A la louve pareil, un grand chien noir se dresse.

Rome, janvier 1867.

LA PESCHERIA

A Rome, le mardi, se rendent au marché,
Pour vendre leur poisson dans le Tibre pêché,
Les grands paysans bruns et les filles trapues.
Ils ont fait leur abri de deux voûtes rompues,
Dont l'une dans sa chute a longtemps hésité,
Et par un vieil instinct de sa caducité
Reste, comme un dormeur qui sans tomber chancelle.
Le poisson tout humide et palpitant ruisselle
Sur de longs blocs de pierre alignés en étal,
Débris de quelque ancien dallage impérial ;
Le sol gras est jonché d'écailles et d'ouïes,
Et ces infectes chairs à l'air épanouies
Sous les yeux des chalands croupissent par monceaux.
Il fait sombre en plein jour sous ces tristes arceaux,
Un réverbère y dort d'un air mélancolique,
Tous les coins y sont noirs de l'ordure publique
On voit au fond la rue étroite et claire fuir ;
Et mainte ménagère, à la bourse de cuir,

Parmi la marchandise éparse et dégoûtante
Fouille, et débat le prix du morceau qui la tente.

Cependant au soleil, dans la brique enchâssés,
Tout blancs encore après dix-huit cents ans passés,
Trois chapiteaux, honneur d'un ciseau de Corinthe,
Des gloires de ce lieu gardent la pure empreinte !

Rome, janvier 1866.

TORSES ANTIQUES

Le long des corridors aux murailles de pierre,
Les marbres déterrés et dégagés du lierre
Offrent leur grand désastre à la pitié des yeux.
Peuple autrefois sacré de héros et de dieux,
Ils tombèrent, gardant leur attitude auguste.
La chute a fait rouler la tête loin du buste,
Mais il semble que l'âme, ayant quitté le chef,
Palpite encore autour du plus vague relief,
Ou que plutôt l'artiste, inculquant sa pensée,
L'avait dans tout le corps noblement dispensée :
— De l'épaule à la hanche et du pouce à l'orteil
Apollon tend son arc et lance du soleil.
— Au tourment qui roidit ce nerveux pentélique,
Je sens durer l'effort d'une lutte athlétique.
— Ce tronc jeune, encor blanc comme un tronc de bouleau,
C'est Narcisse amoureux qui s'admire dans l'eau.
— Et je te reconnais, forme humaine et divine,
Aphrodite, c'est toi, le désir te devine :
De ta bouche un barbare a meurtri le dessin,

Mais tu me souris toute en la fleur de ton sein.
— Planté dans un fourreau comme un terme podagre,
Coureur de sangliers, tu vis, ô Méléagre !
Cette poitrine lisse et ces bras accomplis
Sont les tiens ; ce col droit portait un front sans plis.
— Je nomme Antinoüs les débris de ce torse :
Il eut seul tant de grâce unie à tant de force.
— Et sans doute cet autre au nonchalant contour,
C'est Bacchus glorieux célébrant son retour,
Ceint de pampre, appuyé sur le chœur qui l'acclame,
Le seul dont le corps mâle ait des ampleurs de femme.

On dirait qu'au sortir des mains qui les ont faits
Ces grands décapités n'étaient pas plus parfaits,
Et qu'obstinée à vivre en ce peu de matière
Leur beauté paraît mieux en ruine qu'entière !

Rome, novembre 1866.

LES MARBRES

Ce qui rend les villas charmantes,
C'est, plus encor que les gazons,
Et la grâce des horizons,
Et le rêve des eaux dormantes,

C'est, plus que l'air délicieux
Et le vert sombre des vieux arbres,
C'est le candide éclat des marbres
Sur l'azur intense des cieux :

Ceux que l'Attique et la Toscane
Baignent d'un jour immense et clair,
Le paros, beau comme la chair,
Le péntélique diaphane,

Et le carrare aux fins cristaux
Qu'un rayon de soleil irise ;
Blocs de neige que divinise
La sainte audace des marteaux !

Qu'on polisse le rouge antique,
Le turquin bleu, le noir portor
Où serpentent des veines d'or,
Et le cipolin granitique,

L'antin jaune ou couleur de sang,
Le vert de Florence et de Suse,
Celui de Gênes qui ne s'use
Que limé par un bras puissant;

Qu'ils quittent la nuit des carrières
Pour l'ombre d'un palais chagrin,
J'aime mieux dans l'éther serein
Le marbre blanc, ce lis des pierres!

Jeune, éblouissant, virginal,
Et façonné par le génie,
Il est le seul qui montre unie
La matière au pur idéal!

Villa Borghèse, janvier 1866.

LA PLACE SAINT-JEAN-DE-LATRAN

Au mois de novembre, à midi,
Je foulais cette large place
Au sol vague, formant terrasse
Sur la campagne à l'infini.

A gauche, un aqueduc s'allonge
Par-dessus les plis du désert
Et dans les montagnes se perd
Aussi loin que le regard plonge ;

Vieil échanson que n'use point
La soif des races, il commence
A mes pieds par une arche immense
Et finit là-bas par un point...

A droite, des vergers, des vignes,
Des toits plats, des murs blancs, des pins,
Et, tout au loin, les monts Sabins
Aux sereines et fermes lignes.

Tel le fond d'un lac azuré,
A travers l'eau tranquille et belle,
Voilé, mais non terni par elle,
Semble grandir transfiguré ;

Tel, dans les campagnes romaines,
Sous la fine écharpe de l'air
Paraît plus doux et non moins clair,
Et plus grand, l'horizon des plaines ;

Et cet air magique et subtil
Est tiède : ici l'été s'achève
Comme un printemps nouveau qui rêve
En attendant son mois d'avril.

Rome, novembre 1866

LES TRANSTÉVÉRINES

Le dimanche, au Borgo, les femmes et les filles,
Lasses d'avoir, six jours, traîné sous des guenilles,
Étalent bravement un linge radieux.
Ce n'est plus le costume éclatant des aïeux :
Quand le peuple vieillit, l'habit se décolore ;
Pourtant le rouge vif les réjouit encore :
Elles font resplendir sur le brun de leur peau
Des fichus qu'on dirait taillés dans un drapeau.
Les bras ronds et charnus sortent des grosses manches ;
Le jupon suit tout droit la carrure des hanches ;
Le contour d'un sein riche et d'un dos bien arqué
S'accuse avec ampleur, par de beaux plis marqué ;
D'un corset rude, ouvert d'une large échancrure,
Le cou ferme se dresse, et pour fière parure
Une flèche d'argent traverse les cheveux
Lourds et lisses, d'un noir intense aux reflets bleus.
Un long clinquant de cuivre étincelle à l'oreille,
Et la voûte de l'œil, pleine d'ombre, est pareille
A ces vallons brumeux où miroite un lac noir.

Et ces fortes beautés sont splendides à voir
Quand toutes, au soleil, le long des grandes pentes,
Par groupes se croisant, vont superbes et lentes.

Rome, décembre 1866.

LA PLACE NAVONE

Nous aim'ons à rôder sur la place Navone.
Ah! le pied n'y bat point l'asphalte monotone,
Mais un rude pavé, houleux comme une mer.
Des maraîchers y font leurs tentes tout l'hiver,
Et les enfants, l'été, s'ébattent dans l'eau bleue,
Sous le triton qui tient un dauphin par la queue.
Au beau milieu surgit un chaos où l'on voit
Dans un antre de pierre un gros lion qui boit,
Près d'un palmier, parmi des floraisons marines;
Un cheval qui s'élance en ouvrant les narines;
Un obélisque en l'air sur un tas de récifs,
Flanqué de quatre dieux aux gestes sans motifs.
Nous aimions ce grand cirque à fortune inégale
Où le taudis s'accote à la maison ducale.
Nous y venions surtout dans les jours de marché :
C'est là que nous avons avec amour cherché
Quelque précieux tome, embaumé dans sa crasse,
De Marsile Ficin, de Quinault ou d'Horace,
Et, parmi les chaudrons, les vestes, les fruits secs,

Les poignards et les clefs, ces lampes à trois becs,
De forme florentine, aux supports longs et minces,
Où pend tout un trousseau d'éteignoirs et de pinces,
Et qui, flambeaux naïfs des poëtes fameux,
Nous font croire, la nuit, que nous pensons comme eux.

Rome, décembre 1866.

LES SOLITUDES

POÉSIES

POÉSIES

PREMIÈRE SOLITUDE

On voit dans les sombres écoles
Des petits qui pleurent toujours ;
Les autres font leurs cabrioles,
Eux, ils restent au fond des cours.

Leurs blouses sont très-bien tirées,
Leurs pantalons en bon état,
Leurs chaussures toujours cirées ;
Ils ont l'air sage et délicat.

Les forts les appellent des filles,
Et les malins des innocents :
Ils sont doux, ils donnent leurs billes,
Ils ne seront pas commerçants.

Les plus poltrons leur font des niches,
Et les gourmands sont leurs copains ;
Leurs camarades les croient riches,
Parce qu'ils se lavent les mains.

Ils frissonnent sous l'œil du maître,
Son ombre les rend malheureux ;
Ces enfants n'auraient pas dû naître,
L'enfance est trop dure pour eux !

Oh ! la leçon qui n'est pas sue,
Le devoir qui n'est pas fini !
Une réprimande reçue,
Le déshonneur d'être puni !

Tout leur est terreur et martyre ;
Le jour, c'est la cloche, et, le soir,
Quand le maître enfin se retire,
C'est le désert du grand dortoir :

La lueur des lampes y tremble
Sur les linceuls des lits de fer ;
Le sifflet des dormeurs ressemble
Au vent sur les tombes, l'hiver.

Pendant que les autres sommeillent,
Faits au coucher de la prison,
Ils pensent au dimanche, ils veillent
Pour se rappeler la maison.

Ils songent qu'ils dormaient naguères
Douillettement ensevelis
Dans les berceaux, et que les mères
Les prenaient parfois dans leurs lits.

O mères, coupables absentes,
Qu'alors vous leur paraissez loin !
A ces créatures naissantes
Il manque un indicible soin ;

On leur a donné les chemises,
Les couvertures qu'il leur faut :
D'autres que vous les leur ont mises,
Elles ne leur tiennent pas chaud.

Mais, tout ingrates que vous êtes,
Ils ne peuvent vous oublier,
Et cachent leurs petites têtes,
En sanglotant, sous l'oreiller.

SONNET.

A vingt ans on a l'œil difficile et très-fier :
On ne regarde pas la première venue,
Mais la plus belle ! et, plein d'une extase ingénue,
On prend pour de l'amour le désir né d'hier.

Plus tard, quand on a fait l'apprentissage amer,
Le prestige insolent des grands yeux diminue,
Et d'autres, d'une grâce autrefois méconnue,
Révèlent un trésor plus intime et plus cher.

Mais on ne fait jamais que changer d'infortune :
A l'âge où l'on croyait n'en pouvoir aimer qu'une,
C'est par elle déjà qu'on apprit à souffrir ;

Puis, quand on reconnaît que plus d'une est charmante,
On sent qu'il est trop tard pour choisir une amante,
Et que le cœur n'a plus la force de s'ouvrir.

DÉCLIN D'AMOUR

Dans le mortel soupir de l'automne, qui frôle
  Au bord du lac les joncs frileux,
Passe un murmure éteint : c'est l'eau triste et le saule
  Qui se parlent entre eux.

Le saule : « Je languis, vois, ma verdure tombe
  Et jonche ton cristal glacé ;
Toi qui fus la compagne, aujourd'hui sois la tombe
  De mon printemps passé. »

Il dit. La feuille glisse et va jaunir l'eau brune.
  L'eau répond : « O mon pâle amant,
Ne laisse pas ainsi tomber une par une
  Tes feuilles lentement ;

« Ce baiser me fait mal, autant, je te l'assure,
  Que les coups des avirons lourds ;
Le frisson qu'il me donne est comme une blessure
  Qui s'élargit toujours.

« Ce n'est qu'un point d'abord, puis un cercle qui tremble
    Et qui grandit multiplié ;
Et les fleurs de mes bords sentent toutes ensemble
    Un sanglot à leur pied.

« Que ce tressaillement rare et long me tourmente !
    Pourquoi m'oublier peu à peu ?
Secoue en une fois, cruel, sur ton amante
    Tous tes baisers d'adieu ! »

LES STALACTITES

J'aime les grottes où la torche
Ensanglante une épaisse nuit,
Où l'écho fait de porche en porche
Un grand soupir du moindre bruit.

Les stalactites à la voûte
Pendent en pleurs pétrifiés
Dont l'humidité, goutte à goutte,
Tombe lentement à mes pieds.

Il me semble qu'en ces ténèbres
Règne une douloureuse paix ;
Et devant ces longs pleurs funèbres
Suspendus sans sécher jamais,

Je pense aux âmes affligées
Où dorment d'anciennes amours :
Toutes les larmes sont figées,
Quelque chose y pleure toujours.

JOIES SANS CAUSES

On connaît toujours trop les causes de sa peine,
Mais on cherche parfois celles de son plaisir ;
Je m'éveille parfois, l'âme toute sereine,
Sous un charme étranger que je ne peux saisir.

Un ciel rose envahit mon être et ma demeure,
J'aime tout l'univers, et, sans savoir pourquoi,
Je rayonne. Cela ne dure pas une heure,
Et je sens refluer les ténèbres en moi.

D'où viennent ces lueurs de joie instantanées,
Ces paradis ouverts qu'on ne fait qu'entrevoir,
Ces étoiles sans noms dans la nuit des années,
Qui filent en laissant le fond du cœur plus noir ?

Est-ce un avril ancien dont l'azur se rallume,
Printemps qui renaîtrait de la cendre des jours
Comme un feu mort jetant une clarté posthume ?
Est-ce un présage heureux des futures amours ?

Non. Ce mystérieux et rapide sillage
N'a rien du souvenir ni du pressentiment ;
C'est peut-être un bonheur égaré qui voyage
Et, se trompant de cœur, ne nous luit qu'un moment.

LA GRANDE ALLÉE

C'est une grande allée à deux rangs de tilleuls.
Les enfants, en plein jour, n'osent y marcher seuls,
    Tant elle est haute, large et sombre.
Il y fait froid l'été presque autant que l'hiver ;
On ne sait quel sommeil en appesantit l'air,
    Ni quel deuil en épaissit l'ombre.

Les tilleuls sont anciens ; leurs feuillages pendants
Font muraille au dehors et font voûte au dedans,
    Taillés selon leurs vieilles formes.
L'écorce en noirs lambeaux quitte leurs troncs fendus :
Ils ressemblent, les bras l'un vers l'autre tendus,
    A des candélabres énormes ;

Mais en haut, feuille à feuille, ils composent leur nuit :
Par les jours de soleil pas un caillou ne luit
    Dans le sable dur de l'allée ;
Et par les jours de pluie à peine l'on entend

Le dôme vert bruire, et, d'instant en instant,
    Tomber une goutte isolée.

Tout au fond, dans un temple en treillis dont le bois,
Par la mousse pourri, plie et rompt sous le poids
    De la vigne vierge et du lierre,
Un Amour malin rit, et de son doigt cassé
Désigne encore au loin les cœurs du temps passé
    Qu'ont meurtris ses flèches de pierre.

A toute heure on sent là les mystères du soir :
Autour de la statue impassible on croit voir
    Deux à deux voltiger des flammes.
L'Esprit du souvenir pleure en paix dans ces lieux ;
C'est là que, malgré l'âge et les derniers adieux,
    Se donnent rendez-vous les âmes,

Les âmes de tous ceux qui se sont aimés là,
De tous ceux qu'en avril le dieu jeune appela
    Sous les roses de sa tonnelle ;
Et sans cesse vers lui montent ces pauvres morts ;
Ils viennent, n'ayant plus de lèvres comme alors,
    S'unir sur sa bouche éternelle.

LA VALSE

Dans un flot de gaze et de soie,
Couples pâles, silencieux,
Ils tournent, et le parquet ploie,
Et vers le lustre qui flamboie
S'égarent demi-clos leurs yeux.

Je pense aux vieux rochers que j'ai vus en Bretagne,
Où la houle s'engouffre et tourne jour et nuit,
Du même tournoîment que toujours accompagne
　　　　Le même bruit.

La valse molle cache en elle
Un languissant aveu d'amour.
L'âme y glisse en levant son aile :
C'est comme une fuite éternelle,
C'est comme un éternel retour.

Je pense aux vieux rochers que j'ai vus en Bretagne,
Où la houle s'engouffre et tourne jour et nuit,

Du même tournoîment que toujours accompagne
Le même bruit.

Le jeune homme sent sa jeunesse,
Et la vierge dit : « Si j'aimais ? »
Et leurs lèvres se font sans cesse
La douce et fuyante promesse
D'un baiser qui ne vient jamais.

Je pense aux vieux rochers que j'ai vus en Bretagne,
Où la houle s'engouffre et tourne jour et nuit,
Du même tournoîment que toujours accompagne
Le même bruit.

L'orchestre est las, les valses meurent,
Les flambeaux pâles ont décru,
Les miroirs se troublent et pleurent,
Les ténèbres seules demeurent,
Tous les couples ont disparu.

Je pense aux vieux rochers que j'ai vus en Bretagne,
Où la houle s'engouffre et tourne jour et nuit,
Du même tournoîment que toujours accompagne
Le même bruit.

LE CYGNE

Sans bruit, sous le miroir des lacs profonds et calmes,
Le cygne chasse l'onde avec ses larges palmes
Et glisse. Le duvet de ses flancs est pareil
A des neiges d'avril qui croulent au soleil ;
Mais, ferme et d'un blanc mat, vibrant sous le zéphire,
Sa grande aile l'entraîne ainsi qu'un lent navire.
Il dresse son beau col au-dessus des roseaux,
Le plonge, le promène allongé sur les eaux,
Le courbe gracieux comme un profil d'acanthe,
Et cache son bec noir dans sa gorge éclatante.
Tantôt le long des pins, séjour d'ombre et de paix,
Il serpente et, laissant les herbages épais
Traîner derrière lui comme une chevelure,
Il va d'une tardive et languissante allure.
La grotte où le poëte écoute ce qu'il sent,
Et la source qui pleure un éternel absent,
Lui plaisent, il y rôde ; une feuille de saule
En silence tombée effleure son épaule.
Tantôt il pousse au large, et, loin du bois obscur,

Superbe, gouvernant du côté de l'azur,
Il choisit, pour fêter sa blancheur qu'il admire,
La place éblouissante où le soleil se mire.
Puis, quand les bords de l'eau ne se distinguent plus,
A l'heure où toute forme est un spectre confus,
Où l'horizon brunit rayé d'un long trait rouge,
Alors que pas un jonc, pas un glaïeul ne bouge,
Que les rainettes font dans l'air serein leur bruit,
Et que la luciole au clair de lune luit,
L'oiseau, dans le lac sombre où sous lui se reflète
La splendeur d'une nuit lactée et violette,
Comme un vase d'argent parmi des diamants,
Dort, la tête sous l'aile, entre deux firmaments.

LA VOIE LACTÉE

Aux étoiles j'ai dit un soir :
« Vous ne paraissez pas heureuses ;
Vos lueurs, dans l'infini noir,
Ont des tendresses douloureuses ;

« Et je crois voir au firmament
Un deuil blanc mené par des vierges
Qui portent d'innombrables cierges
Et se suivent languissamment.

« Êtes-vous toujours en prière ?
Êtes-vous des astres blessés ?
Car ce sont des pleurs de lumière,
Non des rayons que vous versez.

« Vous, les étoiles, les aïeules
Des créatures et des dieux,
Vous avez des pleurs dans les yeux... »
Elles m'ont dit : « Nous sommes seules...

« Chacune de nous est très-loin
Des sœurs dont tu la crois voisine ;
Sa clarté caressante et fine
Dans sa patrie est sans témoin ;

« Et l'intime ardeur de ses flammes
Expire aux cieux indifférents. »
Je leur ai dit : « Je vous comprends !
Car vous ressemblez à nos âmes ;

« Ainsi que vous chacune luit
Loin des sœurs qui semblent près d'elle,
Et la solitaire immortelle
Brûle en silence dans la nuit. »

LES SERRES ET LES BOIS

Dans les serres silencieuses
Où l'hiver invite à s'asseoir,
Sous un jour blême comme un soir
Fument les plantes précieuses.

L'une, roide, élançant tout droit
Sa tige aux longues feuilles sèches,
Darde au plafond, comme des flèches,
Les pointes d'un calice étroit.

Une autre, géante à chair grasse,
Que hérissent de durs piquants,
Ne sourit que tous les cinq ans
Dans une éclosion sans grâce.

Une autre, molle en ses efforts,
Grimpe au vitrail, et la captive
Regarde en pitié l'herbe active
Qui tient tête au vent du dehors.

Pas un souffle ici, rien ne bouge;
Toutes versent avec lenteur,
A flots lourds, la fade senteur
De leur floraison fixe et rouge.

Celui qu'elles charment d'abord,
Dans cet air qui bientôt lui pèse,
Envahi par un grand malaise,
Descend de l'ivresse à la mort.

Ah! que mille fois plus aimée
La violette, fleur des bois!
Et que plus saine mille fois
La chambre qu'elle a parfumée!

Son baume, loin d'appesantir,
Allége et fait l'âme nouvelle;
Mais fine, il faut s'approcher d'elle,
La baiser pour la bien sentir.

NE NOUS PLAIGNONS PAS

Va, ne nous plaignons pas de nos heures d'angoisse.
Un trop facile amour n'est pas sans repentir ;
Le bonheur se flétrit, comme une fleur se froisse,
Dès qu'on veut l'incliner vers soi pour la sentir.

Regarde autour de nous ceux qui pleuraient naguère :
Les voilà l'un à l'autre, ils se disent heureux,
Mais ils ont à jamais violé le mystère
Qui faisait de l'amour un infini pour eux.

Ils se disent heureux, mais, dans leurs nuits sans fièvres,
Leurs yeux n'échangent plus les éclairs d'autrefois ;
Déjà sans tressaillir ils se baisent les lèvres,
Et nous, nous frémissons rien qu'en mêlant nos doigts.

Ils se disent heureux, et plus jamais n'éprouvent
Cette vive brûlure et cette oppression
Dont nos cœurs sont saisis quand nos yeux se retrouvent ;
Nous nous sommes toujours une apparition !

Ils se disent heureux, parce qu'ils peuvent vivre
De la même fortune et sous le même toit;
Mais ils ne sentent plus un cher secret les suivre;
Ils se disent heureux, et le monde les voit!

LA TERRE ET L'ENFANT

Enfant sur la terre on se traîne,
Les yeux et l'âme émerveillés,
Mais, plus tard, on regarde à peine
Cette terre qu'on foule aux pieds.

Je sens déjà que je l'oublie,
Et, parfois, songeur au front las,
Je m'en repens et me rallie
Aux enfants qui vivent plus bas.

Détachés du sein de la mère,
De leurs petits pieds incertains
Ils vont reconnaître la terre
Et pressent tout de leurs deux mains.

Ils ont de graves tête-à-tête
Avec le chien de la maison,
Ils voient courir la moindre bête
Dans les profondeurs du gazon ;

Ils écoutent l'herbe qui pousse,
Eux seuls respirent son parfum;
Ils contemplent les brins de mousse
Et les grains de sable un par un;

Par tous les calices baisée,
Leur bouche est au niveau des fleurs,
Et c'est souvent de la rosée
Qu'on essuie en séchant leurs pleurs.

J'ai vu la terre aussi me tendre
Ses bras, ses lèvres, autrefois;
Depuis que je la veux comprendre,
Plus jamais je ne l'aperçois.

Elle a pour moi plus de mystère,
Désormais, que de nouveauté;
J'y sens mon cœur plus solitaire,
Quand j'y rencontre la beauté;

Et quand je daigne par caprice
Avec les enfants me baisser,
J'importune cette nourrice
Qui ne veut plus me caresser.

PASSION MALHEUREUSE

J'ai mal placé mon cœur, j'aime l'enfant d'un autre,
Et c'est pour m'exploiter qu'il fait le bon apôtre,
    Ce petit traître, je le sais ;
Sa mère, quand je viens, me devine et l'appelle,
Sentant que je suis là pour lui plus que pour elle,
    Mais elle ne m'en veut jamais.

Le marmot prend alors sa voix flûtée et tendre
(Les enfants ont deux voix), et dit, sans la comprendre,
    Sa fable, avec expression ;
Puis il me fait ranger des soldats sur la table,
Et m'obsède, et je trouve un plaisir ineffable
    A sa gentille obsession.

Je m'y laisse duper toutes les fois : j'espère
Qu'à force de bonté je serai presque un père ;
    Ne dit-il pas qu'il m'aime bien ?
Mais voici tout à coup le vrai père, ô disgrâce !
L'enfant court, bat des mains, lui saute au cou, l'embrasse,
    Et le pauvre oncle n'est plus rien.

LA BOUTURE

Au temps où les plaines sont vertes,
Où le ciel dore les chemins,
Où la grâce des fleurs ouvertes
Tente les lèvres et les mains,

Au mois de mai, sur sa fenêtre
Un jeune homme avait un rosier;
Il y laissait les roses naître
Sans les voir ni s'en soucier;

Et les femmes qui d'aventure
Passaient près du bel arbrisseau,
En se jouant, pour leur ceinture,
Pillaient les fleurs du jouvenceau.

Sous leurs doigts, d'un précoce automne
Mourait l'arbuste dévasté.
Il perdit toute sa couronne,
Et la fenêtre sa gaîté.

Si bien qu'un jour, de porte en porte,
Il s'en alla frapper, criant :
« Qu'une de vous me la rapporte,
La fleur qu'elle a prise en riant ! »

Mais les portes demeuraient closes.
Une à la fin pourtant s'ouvrit ;
Alors en lui montrant des roses :
« C'est ton rosier qui refleurit;

« Lui dit une voix tendre et pure.
J'ai sauvé son dernier rameau,
Et j'en ai fait cette bouture,
Pour te le rendre un jour plus beau. »

SCRUPULE

Je veux lui dire quelque chose,
    Je ne peux pas;
Le mot dirait plus que je n'ose,
    Même tout bas.

D'où vient que je suis plus timide
    Que je n'étais?
Il faut parler, je m'y décide...
    Et je me tais.

Les aveux m'ont paru moins graves
    A dix-huit ans;
Mes lèvres ne sont plus si braves
    Depuis longtemps.

J'ai peur, en sentant que je l'aime,
    De mal sentir;
Dans mes yeux une larme même
    Pourrait mentir,

Car j'aurais beau l'y laisser naître
De bonne foi,
C'est quelque ancien amour peut-être
Qui pleure en moi.

PRIÈRE AU PRINTEMPS

Toi qui fleuris ce que tu touches,
Qui, dans les bois, aux vieilles souches
    Rends la vigueur,
Le sourire à toutes les bouches,
    La vie au cœur ;

Qui changes la boue en prairies,
Sèmes d'or et de pierreries
    Tous les haillons,
Et jusqu'au seuil des boucheries
    Mets des rayons !

O printemps, alors que tout aime,
Que s'embellit la tombe même,
    Verte au dehors,
Fais naître un renouveau suprême
    Au cœur des morts !

Qu'ils ne soient pas les seuls au monde
Pour qui tu restes inféconde,

Saison d'amour !
Mais fais germer dans leur poussière
L'espoir divin de la lumière
Et du retour !

UN EXIL

Je plains les exilés qui laissent derrière eux
L'amour et la beauté d'une amante chérie ;
Mais ceux qu'elle a suivis au désert sont heureux,
Ils ont avec la femme emporté la patrie.

Ils retrouvent le jour de leur pays natal
Dans la clarté des yeux qui leur sourient encore,
Et des champs paternels, sur un front virginal,
Les lis abandonnés recommencent d'éclore.

Le ciel quitté les suit sous les nouveaux climats ;
Car l'amante a gardé dans l'âme et sur la bouche
Un fidèle reflet des soleils de là-bas
Et les anciennes nuits pour la nouvelle couche.

Je ne plains point ceux-là ; ceux-là n'ont rien perdu :
Ils vont, les yeux ravis et les mains parfumées
D'un vivant souvenir ! et tout leur est rendu,
Saisons, terre et famille, au sein des bien-aimées.

Je plains ceux qui, partant, laissent, vraiment bannis,
Tout ce qu'ils possédaient sur terre de céleste !
Mais plus encor, s'il n'a, dans son propre pays,
Point d'amante à pleurer, je plains celui qui reste.

Ah ! jour et nuit, chercher dans sa propre maison
Cet être nécessaire, une amante chérie !
C'est plus de solitude avec moins d'horizon.
Oui, c'est le pire exil, l'exil dans la patrie.

Et ni le ciel, ni l'air, ni le lis virginal,
Ni le champ paternel, n'en guérissent la peine :
Au contraire, l'amour tendre du sol natal
Rend l'absente plus douce au cœur et plus lointaine.

LA REINE DU BAL.

Oui, je sais qu'elle est la plus belle,
La reine du bal, je le sais,
Mais je suis un vaincu rebelle,
Je ne la servirai jamais.

Que pour la contempler en face,
Patient, j'attende mon tour,
Et qu'humblement je prenne place
Au long défilé de sa cour!

Qu'après mille autres je murmure
Mon hommage à sa royauté,
Quelque fadeur, inepte injure
Du désir lâche à la beauté!

Que pour ramasser une rose
Tombée à terre de son front,
Je me précipite, et m'expose
A ne pas être le plus prompt;

Que de son sourire suprême
J'épie et dérobe ma part,
Et me vienne poster moi-même
Sur le trajet de son regard !

Que de sa chevelure blonde
J'aspire le banal parfum
Qui s'exhale pour tout le monde
Et ne fut choisi pour aucun !

Sentir dans mes bras, à la danse,
L'abandon, menteuse douceur,
Qu'inspire aux vierges la cadence,
Non la tendresse du valseur,

Pour qu'ensuite ce premier rêve,
Qui n'est encor qu'un vague émoi,
Commencé sur mon cœur s'achève
Au gré d'un plus hardi que moi !

Jamais ! non, dans cette lumière,
Devant tous, tu n'auras jamais,
Reine, l'aveu d'une âme fière,
Et la mienne est sauvage ; mais...

Si tu veux savoir que je t'aime,
Qu'en te bravant j'ai succombé,
Après le bal, cette nuit même,
Quand ton sceptre sera tombé;

A l'heure où, fermant la paupière,
Sur ton lit tu te jetteras,
De peur de manquer ta prière,
Assoupie en croisant les bras;

Où, satisfaite de ta gloire,
Mais trop lasse pour en jouir,
Tu laisseras dans ta mémoire
La fête au loin s'évanouir;

Tandis qu'aux vitres de la chambre,
Par un ciel morne et ténébreux,
Couleront les pleurs de décembre,
Pareils aux pleurs des malheureux,

Fais ce songe : que je m'arrête,
La face au vent, les pieds dans l'eau,
Pour chercher l'ombre de ta tête
Sur la blancheur de ton rideau.

LA LAIDE

Femmes, vous blasphémez l'amour, quand d'aventure
Un seul rebelle insulte à votre royauté ;
Ah ! c'est un pire affront qu'en silence elle endure
La jeune fille à qui la marâtre'nature
A dénié sa gloire et son droit : la Beauté !

L'amour ne luit jamais dans l'œil qui la regarde,
Elle pourrait quitter sa mère sans périls.
La laide, on ne la voit jamais que par mégarde ;
Même contre un désir sa disgrâce la garde,
Pourquoi les jeunes gens l'accompagneraient-ils ?

Les jeunes gens sont fats, libertins et féroces.
La laide ? Pourquoi faire et qu'en ont-ils besoin ?
Ils la criblent entre eux de quolibets atroces,
Et c'est un collégien que, dans les bals de noces,
On charge de tirer cette enfant de son coin.

Pauvre fille! elle apprend que jeune elle est sans âge ;
Sœur des belles et née avec les mêmes vœux,
Elle a pour ennemi de son cœur son visage,
Et, tout au plus, parmi les compliments d'usage,
Un bon vieillard lui dit qu'elle a de beaux cheveux.

Depuis que j'ai souffert d'une forme charmante,
Je voudrais de mon mal près de toi me guérir,
Enfant qui sais aimer sans jamais être amante,
Ange qui n'es qu'une âme et n'as rien qui tourmente,
Pourquoi suis-je trop jeune encor pour te chérir ?

JALOUX DU PRINTEMPS

Des saisons la plus désirée
Et la plus rapide, ô Printemps,
Qu'elle m'est longue ta durée !
Tu possèdes mon adorée,
  Et je l'attends !

Ton azur ne me sourit guère,
C'est en hiver que je la vois ;
Et cette douceur éphémère
Je ne l'ai dans l'année entière
  Rien qu'une fois.

Mon bonheur n'est qu'une étincelle
Volée au bal dans un coup d'œil :
L'hiver passe, et je vis sans elle ;
C'est pourquoi, fête universelle,
  Tu m'es un deuil.

J'ai peur de toi quand je la quitte :
Je crains qu'une fleur d'oranger,
Tombant sur son cœur, ne l'invite
A consulter la marguerite;
    Et quel danger !

Ce cœur qui ne sait rien encore,
Couvé par tes tendres chaleurs,
Devine et pressent son aurore ;
Il s'ouvre à toi qui fais éclore
    Toutes les fleurs.

Ton souffle l'étonne, elle écoute
Les conseils embaumés de l'air ;
C'est l'air de Mai que je redoute,
Je sens que je la perdrai toute
    Avant l'hiver.

L'UNE D'ELLES

Les grands appartements qu'elle habite l'hiver
Sont tièdes. Aux plafonds, légers comme l'éther,
    Planent d'amoureuses peintures.
Nul bruit; partout les voix, les pas sont assoupis
Par la laine opulente et molle des tapis
    Et l'ample velours des tentures.

Aux fenêtres, dehors, la grêle a beau sévir,
Sous ses balles de glace à peine on sent frémir
    L'épais vitrail qui les renvoie;
Et la neige et le givre aux glaciales fleurs
Restent voilés aux yeux sous les chaudes couleurs
    Des longs rideaux brochés de soie.

Là, dans de vieux tableaux, le ciel vénitien
Prête au soleil de France un effluve du sien,
    Et sur la haute cheminée,
Dans des vases ravis en Grèce à des autels,

Des lis renouvelés qu'on dirait immortels
　　Ne font qu'un printemps de l'année.

Sa chambre est toute bleue et suave ; on y sent
Le vestige embaumé de quelque œillet absent
　　Dont l'air a gardé la mémoire ;
Ses genoux, pour prier, posent sur du satin,
Et ses aïeux tenaient d'un maître florentin
　　Son crucifix de vieil ivoire.

Elle peut, lasse enfin des salons somptueux,
Goûter de son boudoir le jour voluptueux
　　Où sommeille un vague mystère ;
Et là ses yeux levés rencontrent un Watteau,
Où de sveltes amants, un pied sur le bateau,
　　Vont appareiller pour Cythère.

L'hiver passe, elle émigre en sa villa d'été.
Elle y trouve le ciel, l'immense aménité
　　Des monts, des vallons et des plaines ;
Depuis les dahlias qui bordent la maison
Jusques au dernier flot des blés à l'horizon,
　　Elle ne voit que ses domaines.

Puis c'est la promenade en barque sur les lacs;
La sieste à l'ombre au fond des paresseux hamacs;
    La course aux prés en jupes blanches,
Et le roulement doux des calèches au bois,
Et le galop, voilette au front, badine aux doigts,
    Sous le mobile arceau des branches;

Et, par les midis lourds, les délices du bain :
Deux jets purs inondant la vasque dont sa main
    Tourne à son gré les cols de cygnes,
Et le charme du frais, suave abattement
Où, rêveuse, elle voit sous l'eau, presque en dormant,
    De son beau corps trembler les lignes.

Ainsi coulent ses jours, pareils aux jours heureux;
Mais un secret fardeau s'appesantit sur eux,
    Ils ne sont pas dignes d'envie.
On lit dans son regard fiévreux ou somnolent,
Dans son rare sourire et dans son geste lent
    Le dégoût amer de la vie.

Oh! quelle âme entendra sa pauvre âme crier?
Quel sauveur magnanime et beau, quel chevalier
    Doit survenir à l'improviste,

Et l'enlever en croupe et l'emporter là-bas,
Sous un chaume enfoui dans l'herbe et les lilas,
    Loin, bien loin de ce luxe triste?

Personne. Elle dédaigne un criminel espoir,
Et se plaît à languir, en proie à son devoir.
    Morte sous ses parures neuves,
Elle n'a pas d'amour, l'honneur le lui défend
Misérablement riche, elle n'a pas d'enfant,
    Elle est plus seule que les veuves.

LA PENSÉE

Un soir, vaincu par le labeur
Où s'obstine le front de l'homme,
Je m'assoupis, et dans mon somme
M'apparut un bouton de fleur.

C'était cette fleur qu'on appelle
Pensée ; elle voulait s'ouvrir,
Et moi je m'en sentais mourir :
Toute ma vie allait en elle.

Échange invisible et muet :
A mesure que ses pétales
Forçaient les ténèbres natales,
Ma force à moi diminuait.

Et ses grands yeux de velours sombre
Se dépliaient si lentement,
Qu'il me semblait que mon tourment
Mesurât des siècles sans nombre.

« Vite, ô fleur, l'espoir anxieux
De te voir éclore m'épuise ;
Que ton regard s'achève et luise
Fixe et profond dans tes beaux yeux ! »

Mais, à l'heure où de sa paupière
Se déroulait le dernier pli,
Moi, je tombais enseveli
Dans la nuit d'un sommeil de pierre.

LA LYRE ET LES DOIGTS

Une Muse, immobile et la tête penchée,
Ne chantait plus; la lyre en soupirait d'ennui,
Et, se plaignant aux doigts de n'être plus touchée,
Disait : « Quelle torpeur vous enchaîne aujourd'hui ?

« Je ne puis rien sans vous, réveillez-vous, doigts roses,
L'air est si lourd, j'ai peine à vous parler tout bas,
Car mes fibres sans vous, comme des lèvres closes,
Amoncellent des voix qui ne s'élèvent pas.

« Abattez-vous sur moi, comme au vol du zéphyre
On voit dans les rayons tourbillonner les fleurs;
Arrachez-moi mon cri comme au lin qu'on déchire,
Ou sur moi lentement glissez comme des pleurs.

« Sinon, si par mépris vous me laissez oisive,
Rendez ma double branche au front carré des bœufs :
De quel autre baiser voulez-vous que je vive
Que du baiser des doigts qui m'ont faite pour eux ? »

— « Lyre, que pouvons-nous ? sommes-nous l'harmonie ?
Est-ce nous le délire ? est-ce nous la langueur ?
Et ne sentons-nous pas, esclaves du génie,
Tous nos frissons liés par le sommeil du cœur ?

« Il est le dieu, la main subit sa fantaisie :
Parfois il nous trahit sans nous avoir lassés,
Et parfois, sans pitié, sa longue frénésie
Nous agite sanglants dans les sept fils cassés !

« Implore-le toujours, quelques chants que tu veuilles,
Car nous les lui devons les chants que tu nous dois :
Sans les brises d'été plus de murmure aux feuilles,
Sans les souffles du cœur plus d'éloquence aux doigts. »

MARS

En mars, quand s'achève l'hiver,
Que la campagne renaissante
Ressemble à la convalescente
Dont le premier sourire est cher;

Quand l'azur tout frileux encore
Est de neige éparse mêlé,
Et que midi, frais et voilé,
Revêt une blancheur d'auror

Quand l'air doux dissout la torpeur
Des eaux qui se changeaient en marbres;
Quand la feuille aux pointes des arbres
Suspend une verte vapeur;

Et quand la femme est deux fois belle,
Belle de la candeur du jour
Et du réveil de notre amour
Où sa pudeur se renouvelle,

Oh! ne devrais-je pas saisir
Dans leur vol ces rares journées
Qui sont les matins des années
Et la jeunesse du désir !

Mais je les goûte avec tristesse.
Tel un hibou, quand l'aube luit,
Roulant ses grands yeux pleins de nuit,
Craint la lumière qui les blesse ;

Tel, sortant du deuil hivernal,
J'ouvre de grands yeux encore ivres
Du songe obscur et vain des livres,
Et la nature me fait mal.

DAMNATION

Le dimanche, au Salon, pêle-mêle se rue
Des bourgeois ébahis la bizarre cohue
Qui s'en vient, chaque année, à la foire des arts,
Vainement amuser ses aveugles regards.
Ainsi devant le Beau, dont il ne s'émeut guère,
L'obscur faiseur de gloire appelé le vulgaire
Va, la bouche béante et l'œil vide, pareil
A des flots de moutons bêlant vers le soleil.

Là, cependant, un homme au front lourd de pensée,
Maigre, sous un manteau dont la trame est usée,
Dans un coin du jardin, debout, songe à l'écart.
Les bras croisés, il fixe un douloureux regard
Sur les marbres dressés le long des plates-bandes.
Le malheureux! il sent ses blessures plus grandes,
Et plus épaisse l'ombre où ses maux l'ont fait choir;
Car lui-même autrefois, maniant l'ébauchoir,
Il eut les rêves blancs et bleus du statuaire.
Mais bientôt l'indigence a mis un froid suaire

Sur son ardent espoir et son haut idéal;
Et d'autres ont grandi dont il était rival.

Les eût-il égalés? Peut-être. Mais qu'importe!
O maîtres que la gloire incite et réconforte,
Nés avec un front riche et des doigts inspirés,
Ayez pitié de ceux qui vous ont admirés,
Hélas! et tant aimés qu'ils ne pouvaient plus vivre
Sans risquer l'aventure atroce de vous suivre.
Maîtres, c'est en comptant leurs blessés et leurs morts
Que le vulgaire apprend combien vous êtes forts.
Cependant qu'aux pays sereins de l'harmonie
Vous voguez largement sous le vent du génie,
Ils tombent, les yeux pleins du ciel où vous planez,
Sur le pavé brutal des artistes damnés.

Celui-là comme vous a connu le délice
D'arrondir savamment une poitrine lisse
Sous la caresse lente et chaste de ses mains,
De suivre avec respect des profils surhumains
Pressentis dans le masque indécis de l'ébauche,
Et nul n'a plus que lui, modelant le sein gauche,
Frémi d'aise et d'orgueil en y sentant un cœur.

Mais à ce jeu des dieux il ne fut pas vainqueur ;
Il n avait rien : le pauvre a dû tuer l'artiste.
Après l'heure d'ivresse il vient une heure triste,
Celle où la jeune épouse, au fond de l'atelier,
Soucieuse du pain que l'art fait oublier,
Regarde tour à tour ses enfants qui pâlissent
Et le bloc que les mains de leur père embellissent,
Et, maudissant la glaise en' sa stérilité,
Songe au fumier fécond du champ qu'elle a quitté.
Ah ! d'un travail sans fruit la cuisante amertume,
Le sarcasme ignorant des critiques de plume,
L'envie ou le dédain des rivaux de métier,
Ces maux trempent le cœur et le laissent entier !
Mais lire dans les yeux de la femme qu'on aime
Un reproche muet où l'on sent un blasphème,
Apprendre qu'on est fou, traître, et s'apercevoir
Qu'en s'élevant on laisse à ses pieds son devoir !

Il a fui l'atelier. Le pauvre homme héroïque
Compte l'argent d'un autre au fond d'une boutique.
Son poing de créateur, fait pour le marbre altier,
Trace des chiffres vils sur un obscur papier.
Encore s'il pouvait, à force de descendre,
S'abrutir, consumer son cœur jusqu'à la cendre,

Et, bien mort, s'allonger dans sa tombe d'oubli!
Mais le feu qu'il étouffe est mal enseveli.
Une pierre le suit qui veut être statue :
S'il ne l'anime pas, c'est elle qui le tue.
Sollicitant ses doigts par de lointains appels,
Elle passe et prend forme en des songes cruels,
Et la forme palpite et, vaguement parfaite,
Murmure : « Tu m'as vue et tu ne m'as pas faite! »
A son heure elle vient comme un remords fatal,
Et tout, jusqu'au comptoir, lui sert de piédestal.
C'est elle! sa Vénus dans le chagrin rêvée,
Qui tous les ans ici, belle, noble, achevée,
L'entraîne, et, prenant place entre toutes ses sœurs,
Dompte enfin l'œil jaloux et dur des connaisseurs.
Elle triomphe! et lui, l'univers le renomme,
Il monte, il sent déjà, presqu'un dieu, plus qu'un homme,
Le frisson glorieux des lauriers sur son front!

Mais l'extase est fragile et le réveil est prompt.
Quelle chute profonde alors! Comme il mesure
Tout à coup, d'une vue impitoyable et sûre,
Les degrés infinis de la gloire au néant!
Comme il se voit petit pour s'être vu géant!
Il pleure. Mais l'épouse, attentive et sévère,

Le voyant défaillir et songeant qu'elle est mère,
Vient, lui parle, le prend par la main, par l'habit,
Le tire en le grondant : « Je te l'avais bien dit :
Te voilà pour un mois pâle et mélancolique ! »
Puis, par mainte raison banale et sans réplique
Irritant l'aiguillon de son tourment divin,
L'arrache à l'idéal comme l'ivrogne au vin.

LA MER

La mer pousse une vaste plainte,
Se tord et se roule avec bruit,
Ainsi qu'une géante enceinte
Qui, des grandes douleurs atteinte,
Ne pourrait pas donner son fruit.

Et sa pleine rondeur se lève
Et s'abaisse avec désespoir.
Mais elle a des heures de trêve :
Alors sous l'azur elle rêve,
Calme et lisse comme un miroir.

Ses pieds caressent les empires,
Ses mains soutiennent les vaisseaux,
Elle rit aux moindres zéphyres,
Et les cordages sont des lyres,
Et les hunes sont des berceaux.

Elle dit au marin : « Pardonne
Si mon tourment te fait mourir;
Hélas! je sens que je suis bonne,
Mais je souffre et ne vois personne
D'assez fort pour me secourir! »

Puis elle s'enfle encor, se creuse
Et gémit dans sa profondeur;
Telle, en sa force douloureuse,
Une grande âme malheureuse
Qu'isole sa propre grandeur!

LA GRANDE CHARTREUSE

J'ai vu, tels que des morts réveillés par le glas,
Les moines, lampe en main, se ranger en silence,
Puis pousser, comme un vol de corbeaux qui s'élance,
Leurs noirs *miserere* qui plaisent au cœur las.

Le néant dans le cloître a sonné sous mes pas;
J'ai connu la cellule, où le calme commence,
D'où le monde nous semble une mêlée immense
Dont le vain dénoûment ne nous regarde pas.

La blancheur des grands murs m'a hanté comme un rêve;
J'ai senti dans ma vie une ineffable trêve;
L'avant-goût du sépulcre a réjoui mes os.

Mais, adieu! Le soldat court où le canon gronde;
Je retourne où j'entends la bataille du monde,
Sans pitié pour mon cœur affamé de repos.

EFFET DE NUIT

Voyager seul est triste, et j'ai passé la nuit
  Dans une étrange hôtellerie.
A la plus vieille chambre un enfant m'a conduit,
  De galerie en galerie

Je me suis étendu sur un grand lit carré
  Flanqué de lions héraldiques ;
Un rideau blanc tombait à longs plis, bigarré
  Du reflet des vitraux gothiques.

J'étais là, recevant, muet et sans bouger,
  Les philtres que la lune envoie,
Quand j'ouïs un murmure, un froissement léger,
  Comme fait l'ongle sur la soie ;

Puis comme un battement de fléaux sourds et prompts
  Dans des granges très-éloignées ;
Puis on eût dit, plus près, le han des bûcherons
  Tour à tour lançant leurs cognées ;

Puis un long roulement, un vaste branle-bas,
            Pareil au bruit d'un char de tôle
Attelé d'un dragon toujours fumant et las,
            Qui souffle à chaque effort d'épaule.

Puis soudain serpenta dans l'infini du soir
            Un sifflement lugubre, intense,
Comme le cri perçant d'une âme au désespoir
            En fuite par le vide immense.

Or, c'était un convoi que j'entendais courir
            A toute vapeur dans la plaine.
Il passa, laissant loin derrière lui mourir
            Son fracas et sa rouge haleine.

Le passage du monstre un moment ébranla
            Les carreaux étroits des fenêtres,
Fit geindre un clavecin poudreux qui dormait là
            Et frémir des portraits d'ancêtres ;

Sur la tapisserie Actéon tressaillit,
            Diane contracta les lèvres ;
Un plâtras détaché du haut du mur faillit
            Briser l'horloge de vieux Sèvres.

Ce fut tout ; le silence aux voûtes du plafond
> Replia lentement son aile,
Et la nuit, arrachée à son rêve profond,
> Se redrapa plus solennelle.

Mais mon cœur remué ne se put assoupir,
> J'écoutais toujours dans l'espace
Cette course effrénée et ce strident soupir,
> Image d'un siècle qui passe.

SILENCE ET NUIT DES BOIS

Il est plus d'un silence, il est plus d'une nuit,
Car chaque solitude a son propre mystère :
Les bois ont donc aussi leur façon de se taire
Et d'être obscurs aux yeux que le rêve y cnoduit.

On sent dans leur silence errer l'âme du bruit,
Et dans leur nuit filtrer des sables de lumière.
Leur mystère est vivant : chaque homme à sa manière
Selon ses souvenirs l'éprouve et le traduit.

La nuit des bois fait naître une aube de pensées,
Et, favorable au vol des strophes cadencées,
Leur silence est ailé comme un oiseau qui dort.

Et le cœur dans les bois se donne sans effort :
Leur nuit rend plus profonds les regards qu'on y lance,
Et les aveux d'amour se font de leur silence.

LA COLOMBE ET LE LIS

Femme, cette colombe au col rose et mouvant,
  Que ta bouche entr'ouverte baise,
Ne l'avait pas sentie humecter si souvent
  Son bec léger qui vibre d'aise.

Elle n'avait jamais reçu de toi tout bas
  Les noms émus que tu lui donnes,
Ni jamais de tes doigts, à l'heure des repas,
  Vu pleuvoir des graines si bonnes.

Elle n'avait jamais senti ton cœur frémir
  Au vivant toucher de son aile,
Ni ses plumes trembler sous ton jeune soupir,
  Ni tes larmes rouler sur elle.

Tu la laissais languir captive dans l'osier,
  Et vainement d'un sanglot tendre,
D'un sanglot suppliant elle enflait son gosier,
  Tu ne daignais jamais l'entendre.

Jamais les fleurs du vase où rêve le printemps
    Ne furent si bien arrosées,
Jamais, sur le lis pur et grave, si longtemps
    Tes lèvres ne s'étaient posées.

Quel ancien souvenir ou quel récent amour,
    Quel berceau, femme, ou quelle tombe,
A fait naître en ton cœur ce suprême retour
    Vers ton lis et vers ta colombe?

LE PEUPLE S'AMUSE

Le poëte naïf, qui pense avant d'écrire,
S'étonne, en ce temps-ci, des choses qui font rire
Au théâtre parfois il se tourne, et, voyant
La gaîté des badauds qui va se déployant,
Pour un plat calembour, des loges au parterre,
Il se sent tout à coup tellement solitaire,
Parmi ces gros rieurs au ventre épanoui,
Que, le front lourd et l'œil tristement ébloui,
Il s'esquive, s'il peut, sans attendre la toile.
Enfin libre il respire, et, d'étoile en étoile,
Dans l'azur sombre et vaste il laisse errer ses yeux.
Ah ! quand on sort de là, comme la nuit plaît mieux !
Qu'il fait bon regarder la Seine lente et noire
En silence rouler sous les vieux ponts sa moire,
Et les reflets tremblants des feux traîner sur l'eau,
Comme les pleurs d'argent sur le drap d'un tombeau !
Ce deuil fait oublier ces rires qu'on abhorre.
Hélas ! où donc la joie est-elle saine encore ?
Quel vice a donc en nous gâté le sang gaulois ?

Quand rirons-nous le rire honnête d'autrefois?
Ce ne sont aujourd'hui qu'absurdes bacchanales ;
Farces au masque impur sur des planches banales ;
Vil patois qui se fraye impudemment accès
Parmi le peuple illustre et cher des mots français ;
Couplets dont les refrains changent la bouche en gueule ;
Romans hideux, miroirs de l'abjection seule ;
Commérage où le fiel assaisonne des riens ;
Feuilletons à voleurs, drames à galériens,
Funestes aux cœurs droits qui battent sous les blouses ;
Vaudevilles qui font, corrupteurs des épouses,
Un ridicule impie à l'affront des maris ;
Spectacles où la chair des femmes, mise à prix,
Comme aux crocs de l'étal exhibée en guirlande,
Allèche savamment la luxure gourmande ;
Parades à décors dont les fables sans art
N'esquivent le sifflet qu'en soûlant le regard ;
Coups d'archet polissons sur la lyre d'Homère ;
Et tous les jeux maudits d'un amour éphémère
Qui va se dégradant du caprice au métier :
Voilà ce qui ravit un peuple tout entier !

O Bêtise, éternel veau d'or des multitudes,
Toi dont le culte aisé les plie aux servitudes,

Et complice du joug les y soumet sans bruit,
Monstre cher à la force et par la ruse instruit
A bafouer la libre et sévère pensée,
Règne! mais à ton tour, brute, qu'à la risée,
Au comique mépris tu serves de jouet!
Que sur toi le bon sens fasse claquer son fouet,
Qu'il se lève, implacable à son tour, et qu'il rie,
Et qu'il raille à son tour l'inepte raillerie,
Et qu'il fasse au soleil luire en leur nudité
Ta grotesque laideur et ta stupidité.
Molière, dresse-toi! Debout, Aristophane!
Allons! faites entendre au vulgaire profane
L'hymne de l'idéal au fond du rire amer,
Du grand rire où, pareil au cliquetis du fer,
Sonne le choc rapide et franc des pensers justes,
Du beau rire qui sied aux poitrines robustes,
Vengeur de la sagesse, héroïque moqueur,
Où vibre la jeunesse immortelle du cœur!

DÉCEPTION

Une eau croupie est un miroir
Plus fidèle encor qu'une eau pure,
Et l'image la transfigure,
Prêtant ses couleurs au fond noir.

Aurore, colombe et nuée,
Y réfléchissent leur candeur,
Et du firmament la grandeur
N'y semble pas diminuée.

A fleur de ce cloaque épais
Les couleuvres et les sangsues,
Mille bêtes inaperçues
Rôdent sans en troubler la paix.

Le reflet d'en haut les recouvre
Et le jeu trompeur du rayon
Donne au regard l'illusion
D'un grand vallon d'azur qui s'ouvre.

A travers ces monstres hideux
Le ciel luit sans rides ni voiles,
Il les change tous en étoiles,
Et s'arrondit au-dessous d'eux.

Mais la bouche qui veut se tendre
Vers l'étoile pour s'y poser
Sent au-devant de son baiser
Surgir un monstre pour le prendre.

Tel se reflète l'Idéal
Dans les yeux d'une amante infâme,
Et telle, en y plongeant, notre âme
N'y sent de réel que le mal.

COMBATS INTIMES

Seras-tu de l'amour l'éternelle pâture ?
    A quoi te sert la volonté,
Si ce n'est point, ô cœur, pour vaincre ta torture,
Et dans la paix enfin, plus fort que la nature,
    T'asseoir sur le désir dompté ;

Ainsi qu'un bestiaire, après la lutte, règne
    Sur son tigre qui s'est rendu,
Et s'assied sur la bête, et, de son poing qui saigne
La courbant jusqu'à terre, exige qu'elle craigne
    Alors même qu'elle a mordu ?

Et comme ce dompteur, seul au fond de la cage,
    Ne cherche qu'en soi son appui,
Car nul dans ce péril avec lui ne s'engage
Et nul ne sait parler le tacite langage
    Que le monstre parle avec lui,

Ainsi, dans les combats que le désir te livre,
 Ne compte sur personne, ô cœur !
N'attends pas, sous la dent, qu'un autre te délivre :
Tu luttes quelque part où nul ne te peut suivre,
 Toujours seul, victime ou vainqueur.

COUPLES MAUDITS

Les criminels parfois ne sont pas les méchants,
Mais ceux qui n'ont jamais pu connaître en leur vie
Ni le libre bonheur des bêtes dans les champs,
Ni la sécurité de la règle suivie.
Que d'amours ténébreux sans lit et sans foyer,
Que de coussins foulés en hâte dans les bouges,
Que de fiacres errants honteux de déployer
Par des jours sans soleil leurs sales rideaux rouges !
Tous ces couples maudits, affolés de désir,
Après l'atroce attente (ô la pire des fièvres !)
Dévorent avec rage un lambeau de plaisir
Que le moindre hasard dispute au feu des lèvres ;
Car tous ont attendu de longs jours, de longs mois,
Pour ne faire, un instant, qu'une chair et qu'une âme,
Au milieu des terreurs, sous l'œil fixe des lois,
Dans un baiser qui pleure et cependant infâme....

SOUPIR

Ne jamais la voir ni l'entendre,
Ne jamais tout haut la nommer,
Mais, fidèle, toujours l'attendre,
    Toujours l'aimer.

Ouvrir les bras et, las d'attendre,
Sur le néant les refermer,
Mais encor toujours les lui tendre,
    Toujours l'aimer.

Ah! ne pouvoir que les lui tendre,
Et dans les pleurs se consumer,
Mais ces pleurs toujours les répandre,
    Toujours l'aimer.

Ne jamais la voir ni l'entendre,
Ne jamais tout haut la nommer,
Mais d'un amour toujours plus tendre
    Toujours l'aimer.

LE DERNIER ADIEU

Quand l'être cher vient d'expirer,
On sent obscurément la perte,
On ne peut pas encor pleurer :
La mort présente déconcerte ;

Et ni le lugubre drap noir,
Ni le *Dies iræ* farouche,
Ne donnent forme au désespoir :
La stupeur clôt l'âme et la bouche.

Incrédule à son propre deuil,
On regarde au fond de la tombe,
Sans rien comprendre à ce cercueil
Sonnant sous la terre qui tombe.

C'est aux premiers regards portés,
En famille, autour de la table,
Sur les siéges plus écartés,
Que se fait l'adieu véritable.

LES CARESSES

Les caresses ne sont que d'inquiets transports,
Infructueux essais du pauvre amour qui tente
L'impossible union des âmes par les corps.
Vous êtes séparés et seuls comme les morts,
Misérables vivants que le baiser tourmente !

O femme, vainement tu serres dans tes bras
Tes enfants, vrais lambeaux de ta plus pure essence :
Ils ne sont plus toi-même, ils sont eux, les ingrats !
Et jamais, plus jamais, tu ne les reprendras,
Tu leur as dit adieu le jour de leur naissance.

Et tu pleures ta mère, ô fils, en l'embrassant ;
Regrettant que ta vie aujourd'hui t'appartienne,
Tu fais pour la lui rendre un effort impuissant :
Va, ta chair ne peut plus redevenir son sang,
Sa force ta santé, ni sa vertu la tienne.

Amis, pour vous aussi l'embrassement est vain,
Vains les regards profonds, vaines les mains pressées :
Jusqu'à l'âme on ne peut s'ouvrir un droit chemin,
On ne peut mettre, hélas! tout le cœur dans la main,
Ni dans le fond des yeux l'infini des pensées.

Et vous, plus malheureux en vos tendres langueurs
Par de plus grands désirs et des formes plus belles,
Amants que le baiser force à crier : « Je meurs ! »
Vos bras sont las avant d'avoir mêlé vos cœurs,
Et vos lèvres n'ont pu que se brûler entre elles.

Les caresses ne sont que d'inquiets transports,
Infructueux essais d'un pauvre amour qui tente
L'impossible union des âmes par les corps.
Vous êtes séparés et seuls comme les morts,
Misérables vivants que le baiser tourmente.

LA VIEILLESSE

Viennent les ans ! J'aspire à cet âge sauveur
Où mon sang coulera plus sage dans mes veines,
Où, les plaisirs pour moi n'ayant plus de saveur,
Je vivrai doucement avec mes vieilles peines.

Quand l'amour, désormais affranchi du baiser,
Ne me brûlera plus de sa fièvre mauvaise
Et n'aura plus en moi d'avenir à briser,
Que je m'en donnerai de tendresse à mon aise !

Bienheureux les enfants venus sur mon chemin :
Je saurai transporter dans les buissons l'école ;
Heureux les jeunes gens dont je prendrai la main :
S'ils aiment, je saurai comment on les console.

Et je ne dirai pas : « C'était mieux de mon temps. »
Car le mieux d'autrefois c'était notre jeunesse ;
Mais je m'approcherai des âmes de vingt ans
Pour qu'un peu de chaleur en mon âme renaisse ;

Pour vieillir sans déchoir, ne jamais oublier
Ce que j'aurai senti dans l'âge où le cœur vibre,
Le beau, l'honneur, le droit qui ne sait pas plier,
Et jusques au tombeau penser en homme libre.

Et vous, oh! quel poignard de ma poitrine ôté!
Femmes, quand du désir il n'y sera plus traces,
Et qu'alors je pourrai ne voir dans la beauté
Que le dépôt en vous du moule pur des races.

Puissé-je ainsi m'asseoir au faîte de mes jours
Et contempler la vie, exempt enfin d'épreuves,
Comme du haut des monts on voit les grands détours
Et les plis tourmentés des routes et des fleuves!

L'AGONIE

Vous qui m'aiderez dans mon agonie,
    Ne me dites rien ;
Faites que j'entende un peu d'harmonie,
    Et je mourrai bien.

La musique apaise, enchante et délie
    Des choses d'en bas :
Bercez ma douleur, je vous en supplie,
    Ne lui parlez pas.

Je suis las des mots, je suis las d'entendre
    Ce qui peut mentir ;
J'aime mieux les sons qu'au lieu de comprendre
    Je n'ai qu'à sentir :

Une mélodie où l'âme se plonge
    Et qui sans effort
Me fera passer du délire au songe,
    Du songe à la mort.

Vous qui m'aiderez dans mon agonie,
  Ne me dites rien.
Pour allégement un peu d'harmonie
  Me fera grand bien.

Vous irez chercher ma pauvre nourrice,
  Qui mène un troupeau,
Et vous lui direz que c'est mon caprice,
  Au bord du tombeau,

D'entendre chanter, tout bas, de sa bouche,
  Un air d'autrefois,
Simple et monotone, un doux air qui touche
  Avec peu de voix.

Vous la trouverez : les gens des chaumières
  Vivent très-longtemps,
Et je suis d'un monde où l'on ne vit guères
  Plusieurs fois vingt ans.

Vous nous laisserez tous les deux ensemble,
  Nos cœurs s'uniront ;
Elle chantera d'un accent qui tremble,
  La main sur mon front.

Lors elle sera peut-être la seule
    Qui m'aime toujours,
Et je m'en irai dans son chant d'aïeule
    Vers mes premiers jours.

Pour ne pas sentir, à ma dernière heure,
    Que mon cœur se fend,
Pour ne plus penser, pour que l'homme meure
    Comme est né l'enfant.

Vous qui m'aiderez dans mon agonie,
    Ne me dites rien;
Faites que j'entende un peu d'harmonie,
    Et je mourrai bien.

DE LOIN

Du bonheur qu'ils rêvaient toujours pur et nouveau
Les couples exaucés ne jouissent qu'une heure ;
Moins ému, leur baiser ne sourit ni ne pleure ;
Le nid de leur tendresse en devient le tombeau.

Puisque l'œil assouvi se fatigue du beau,
Que la lèvre en jurant un long culte se leurre,
Que des printemps d'amour le lis, dès qu'on l'effleure,
Où vont les autres lis va lambeau par lambeau,

J'accepte le tourment de vivre éloigné d'elle.
Mon hommage muet, mais aussi plus fidèle,
D'aucune lassitude en mon cœur n'est puni ;

Posant sur sa beauté mon respect comme un voile,
Je l'aime sans désir, comme on aime une étoile,
Avec le sentiment qu'elle est à l'infini.

LE MISSEL

Dans un missel datant du roi François premier,
Dont la rouille des ans a jauni le papier,
Et dont les doigts dévots ont usé l'armoirie,
Livre mignon, vêtu d'argent sur parchemin,
L'un de ces fins travaux d'ancienne orfèvrerie,
Où se sentent l'audace et la peur de la main,
    J'ai trouvé cette fleur flétrie.

On voit qu'elle est très-vieille au vélin traversé
Par sa profonde empreinte où la séve a percé.
Il se pourrait qu'elle eût trois cents ans ; mais n'importe,
Elle n'a rien perdu qu'un peu de vermillon,
Fard qu'elle eût vu tomber même avant d'être morte,
Qui ne brille qu'un jour, et que le papillon
    En passant d'un coup d'aile emporte.

Elle n'a pas perdu de son cœur un pistil,
Ni du frêle tissu de sa corolle un fil ;
La page ondule encore où sécha la rosée

De son dernier matin, mêlée à d'autres pleurs;
La Mort en la cueillant l'a seulement baisée,
Et, soigneuse, n'a fait qu'éteindre ses couleurs,
    Mais ne l'a pas décomposée.

Une mélancolique et subtile senteur,
Pareille au souvenir qui monte avec lenteur,
L'arome du secret dans les cassettes closes,
Révèle l'âge ancien de ce mystique herbier;
Il semble que les jours se parfument des choses,
Et qu'un passé d'amour ait l'odeur d'un sentier
    Où le vent balaya des roses.

Et peut-être, dans l'air sombre et léger du soir,
Un cœur, comme une flamme, autour du vieux fermoir,
S'efforce, en palpitant, de se frayer passage;
Et chaque soir peut-être il attend l'*Angelus*,
Dans l'espoir qu'une main viendra tourner la page
Et qu'il pourra savoir si rien ne reste plus
    De la fleur qui fut son hommage.

Eh bien! rassure-toi, chevalier qui partais
Pour combattre à Pavie et ne revins jamais,
Ou page qui tout bas, aimant comme on adore,

Fis un aveu d'amour d'un *Ave Maria*,
Cette fleur qui mourut sous des yeux que j'ignore,
Depuis les trois cents ans qu'elle repose là,
    Où tu l'as mise elle est encore.

LES VIEILLES MAISONS

Je n'aime pas les maisons neuves,
Leur visage est indifférent ;
Les anciennes ont l'air de veuves
Qui se souviennent en pleurant.

Les lézardes de leur vieux plâtre
Semblent les rides d'un vieillard ;
Leurs vitres au reflet verdâtre
Ont comme un triste et bon regard !

Leurs portes sont hospitalières,
Car ces barrières ont vieilli ;
Leurs murailles sont familières
A force d'avoir accueilli.

Les clefs s'y rouillent aux serrures,
Car les cœurs n'ont plus de secrets ;
Le temps y ternit les dorures,
Mais fait ressembler les portraits.

Des voix chères dorment en elles,
Et dans les rideaux des grands lits
Un souffle d'âmes paternelles
Remue encor les anciens plis.

J'aime les âtres noirs de suie,
D'où l'on entend bruire en l'air
Les hirondelles ou la pluie
Avec le printemps ou l'hiver;

Les escaliers que le pied monte
Par des degrés larges et bas
Dont il connaît si bien le compte,
Les ayant creusés de ses pas;

Le toit dont fléchissent les pentes;
Le grenier aux ais vermoulus,
Qui fait rêver sous ses charpentes
A des forêts qui ne sont plus.

J'aime surtout, dans la grand'salle
Où la famille a son foyer,
La poutre unique, transversalle,
Portant le logis tout entier.

Immobile et laborieuse,
Elle soutient comme autrefois
La race inquiète et rieuse.
Qui se fie encore à son bois.

Elle ne rompt pas sous la charge,
Bien que déjà ses flancs ouverts
Sentent leur blessure plus large
Et soient tout criblés par les vers ;

Par une force qu'on ignore,
Rassemblant ses derniers morceaux,
Le chêne au grand cœur tient encore
Sous la cadence des berceaux ;

Mais les enfants croissent en âge,
Déjà la poutre plie un peu ;
Elle cédera davantage,
Les ingrats la mettront au feu...

Et, quand ils l'auront consumée,
Le souvenir de son bienfait
S'envolera dans sa fumée.
Elle aura péri tout à fait,

Dans ses restes de toutes sortes
Éparse sous mille autres noms;
Bien morte, car les choses mortes
Ne laissent pas de rejetons.

Comme les servantes usées
S'éteignent dans l'isolement,
Les choses tombent méprisées
Et finissent entièrement.

C'est pourquoi, lorsqu'on livre aux flammes
Les débris des vieilles maisons,
Le rêveur sent brûler des âmes
Dans les bleus éclairs des tisons.

LE VOLUBILIS

Toi qui m'entends sans peur te parler de la mort,
Parce que ton espoir te promet qu'elle endort,
Et que le court sommeil commencé dans son ombre
S'achève au clair pays des étoiles sans nombre,
Reçois mon dernier vœu pour le jour où j'irai
Tenter seul, avant toi, si ton espoir dit vrai.

Ne cultive au-dessus de mes paupières closes
Ni de grands dahlias, ni d'orgueilleuses roses,
Ni de rigides lis : ces fleurs montent trop haut.
Ce ne sont pas des fleurs si fières qu'il me faut,
Car je ne sentirais de ces roides voisines
Que le tâtonnement funèbre des racines.

Au lieu des dahlias, des roses et des lis,
Transplante près de moi le gai volubilis
Qui, familier, grimpant le long du vert treillage
Pour denteler l'azur où ton âme voyage,

Forme de ta beauté le cadre habituel
Et fait de ta fenêtre un jardin dans le ciel

Voilà le compagnon que je veux à ma cendre :
Flexible, il saura bien jusque vers moi descendre.
Quand tu l'auras baisé, chérie, en me nommant,
Par quèlque étroite fente il viendra doucement,
Messager de ton cœur, dans ma suprême couche,
Fleurir de ton espoir le néant de ma bouche.

MIDI AU VILLAGE

Nul troupeau n'erre ni ne broute;
Le berger s'allonge à l'écart.
La poussière dort sur la route,
Le charretier sur le brancard.

Le forgeron dort dans la forge;
Le maçon s'étend sur un banc;
Le boucher ronfle à pleine gorge,
Les bras rouges encor de sang.

La guêpe rôde au bord des jattes;
Les ramiers couvrent les pignons;
Et, la gueule entre les deux pattes,
Le dogue a des rêves grognons.

Les lavandières babillardes
Se taisent. Non loin du lavoir,
En plein azur, sèchent les hardes
D'une blancheur blessante à voir.

La férule à peine surveille
Les écoliers inattentifs ;
Le murmure épars d'une abeille
Se mêle aux alphabets plaintifs...

Un vent chaud traîne ses écharpes
Sur les grands blés lourds de sommeil,
Et les mouches se font des harpes
Avec des rayons de soleil.

Immobiles devant les portes,
Sur la pierre des seuils étroits,
Les aïeules semblent des mortes
Avec leurs quenouilles aux doigts.

C'est alors que de la fenêtre
S'entendent, tout en parlant bas,
Plus libres qu'à minuit peut-être,
Les amants, qui ne dorment pas.

CORPS ET AMES

Heureuses les lèvres de chair !
Leurs baisers se peuvent répondre ;
Et les poitrines pleines d'air !
Leurs soupirs se peuvent confondre.

Heureux les cœurs, les cœurs de sang !
Leurs battements peuvent s'entendre ;
Et les bras ! ils peuvent se tendre,
Se posséder en s'enlaçant.

Heureux aussi les doigts ! ils touchent ;
Les yeux ! ils voient. Heureux les corps ! -
Ils ont la paix quand ils se couchent,
Et le néant quand ils sont morts.

Mais, oh ! bien à plaindre les âmes !
Elles ne se touchent jamais :
Elles ressemblent à des flammes
Ardentes sous un verre épais.

De leurs prisons mal transparentes
Ces flammes ont beau s'appeler,
Elles se sentent bien parentes,
Mais ne peuvent pas se mêler.

On dit qu'elles sont immortelles ;
Ah ! mieux leur vaudrait vivre un jour,
Mais s'unir enfin !... dussent-elles
S'éteindre en épuisant l'amour !

LE RÉVEIL

Si tu m'appartenais (faisons ce rêve étrange!),
Je voudrais avant toi m'éveiller le matin
Pour m'accouder longtemps près de ton sommeil d'ange,
Égal et murmurant comme un ruisseau lointain.

J'irais à pas discrets cueillir de l'églantine,
Et, patient, rempli d'un silence joyeux,
J'entr'ouvrirais tes mains, qui gardent ta poitrine,
Pour y glisser mes fleurs en te baisant les yeux.

Et tes yeux étonnés reconnaîtraient la terre
Dans les choses où Dieu mit le plus de douceur,
Puis tourneraient vers moi leur naissante lumière,
Tout pleins de mon offrande et tout pleins de ton cœur.

Oh! comprends ce qu'il souffre et sens bien comme il aime,
Celui qui poserait, au lever du soleil,
Un bouquet, invisible encor, sur ton sein même,
Pour placer ton bonheur plus près de ton réveil.

LE PREMIER DEUIL

En ce temps-là, je me rappelle
Que je ne pouvais concevoir
Pourquoi, se pouvant faire belle,
Ma mère était toujours en noir.

Quand s'ouvrait le bahut plein d'ombre,
J'éprouvais un vague souci
De voir près d'une robe sombre
Pendre un long voile sombre aussi.

Le linge, radieux naguère,
D'un feston noir était ourlé :
Tout ce qu'alors portait ma mère,
Sa tristesse l'avait scellé.

Sourdement et sans qu'on y pense,
Le noir descend des yeux au cœur;
Il me révélait quelque absence
D'une interminable longueur.

Quand je courais sur les pelouses
Où les enfants mêlaient leurs jeux,
J'admirais leurs joyeuses blouses,
Dont j'enviais les carreaux bleus ;

Car déjà la douleur sacrée
M'avait posé son crêpe noir,
Déjà je portais sa livrée :
J'étais en deuil sans le savoir.

LA CHANSON DES MÉTIERS

Ceux qui tiennent le soc, la truelle ou la lime,
Sont plus heureux que vous, enfants de l'art sublime !
  Chaque jour les vient secourir
  Dans leurs quotidiennes misères ;
Mais vous, les travailleurs pensifs, aux mains légères,
  Vos ouvrages vous font mourir.

L'austère paysan laboure pour les autres,
Et ses rudes travaux sont pires que les vôtres ;
  Mais il retient pour se nourrir
  Sa part des gerbes étrangères ;
Vous qui chantez, tressant des guirlandes légères,
  Les moissons vous laissent mourir.

Le rouge forgeron, dans la nuit de sa forge,
Sue au brasier brûlant qui lui sèche la gorge ;
  Mais il boit, sans les voir tarir,
  Les petits vins dans les gros verres ;

Et vous qui ciselez l'or des coupes légères,
    Les celliers vous laissent mourir.

Le pâle tisserand, courbé devant ses toiles,
Ne contemple jamais l'azur ni les étoiles;
    Mais il parvient à se couvrir,
    La froidure ne l'atteint guères;
Vous qui tramez le rêve en dentelles légères,
    Les longs hivers vous font mourir.

L'audacieux maçon qui d'étage en étage
Suspend sa vie au mince et frêle échafaudage
    A bien des dangers à courir,
    Mais ses fils auront des chaumières;
Vous qui dressez vers Dieu des échelles légères,
    Sans foyer vous devez mourir.

Tous vaincus, mais en paix avec la destinée,
Aux approches du soir, la tâche terminée,
    Reviennent aimer sans souffrir
    Près des robustes ménagères;
Vous qui poursuivez l'âme aux caresses légères,
    Les tendresses vous font mourir.

LE SIGNE

On dit que les désirs des mères,
Pendant qu'elles portent l'enfant,
Fussent-ils d'étranges chimères,
Le marquent d'un signe vivant,

Que ce stigmate est une image
De l'objet qu'elles ont rêvé,
Qu'il croît et s'incruste avec l'âge,
Qu'il ne peut pas être lavé !

Et le vœu, bizarre ou sublime,
Formé dès avant le berceau,
Comme dans la chair il s'imprime,
Peut marquer l'âme de son sceau.

Quel fut donc ton cruel caprice
Le jour où tu conçus mon cœur,
O toi, pourtant ma bienfaitrice,
Et qui m'as légué ta douleur?

Quand tu m'aimais sans me connaître,
Pâle et déjà ma mère un peu,
Un nuage voguait peut-être
Comme une île blanche au ciel bleu ;

Et n'as-tu pas dit : « Qu'on m'y mène !
C'est là que je veux demeurer ! »
L'oasis était surhumaine,
Et l'infini t'a fait pleurer.

Tu crias : « Des ailes, des ailes ! »
Te soulevant pour défaillir...
Et ces heures-là furent celles
Où tu m'as senti tressaillir.

De là vient que toute ma vie,
Halluciné, faible, incertain,
Je traîne l'incurable envie
De quelque paradis lointain...

DERNIÈRE SOLITUDE

Dans cette mascarade immense des vivants
Nul ne parle à son gré ni ne marche à sa guise ;
Faite pour révéler, la parole déguise,
Et la face n'est plus qu'un masque aux traits savants.

Mais vient l'heure où le corps, infidèle ministre,
Ne prête plus son geste à l'âme éparse au loin,
Et, tombant tout à coup dans un repos sinistre,
Cesse d'être complice et demeure témoin.

Alors l'obscur essaim des arrière-pensées
Qu'avait su refouler la force du vouloir
Se lève et plane au front comme un nuage noir
Où gît le vrai motif des œuvres commencées.

Le cœur monte au visage, où les plis anxieux
Ne se confondent plus aux lignes du sourire ;
Le regard ne peut plus faire mentir les yeux,
Et ce qu'on n'a pas dit vient aux lèvres s'écrire

C'est l'heure des aveux. Le cadavre ingénu
Garde du souffle absent une empreinte suprême,
Et l'homme, malgré lui redevenant lui-même,
Devient un étranger pour ceux qui l'ont connu.

Le rire des plus gais se détend et s'attriste,
Les plus graves parfois prennent des traits riants;
Chacun meurt comme il est, sincère à l'improviste :
C'est là candeur des morts qui les rend effrayants.

IMPRESSIONS
DE LA GUERRE

IMPRESSIONS
DE LA GUERRE

FLEURS DE SANG

Pendant que nous faisions la guerre,
Le soleil a fait le printemps ;
Des fleurs s'élèvent où naguère
S'entre-tuaient les combattants.

Malgré les morts qu'elles recouvrent,
Malgré cet effroyable engrais,
Voici leurs calices qui s'ouvrent,
Comme l'an dernier, purs et frais.

Comment a bleui la pervenche ?
Comment le lis renaît-il blanc,

Et la marguerite encor blanche,
Quand la terre a bu tant de sang?

Quand la séve qui les colore
N'est faite que de sang humain,
Comment peuvent-elles éclore
Sans une tache de carmin?

Leur semble-t-il pas que la honte
Des vieux parterres envahis
Jusques à leur corolle monte
Des entrailles de leur pays?

Sous nos yeux l'étranger les cueille;
Pas une ne lui tient rigueur,
Et, quand il passe, ne s'effeuille
Pour ne point sourire au vainqueur;

Pas une ne dit à l'abeille :
« Je suis cette fois sans parfum ! »
Au papillon qui la réveille :
« Cette fois tu m'es importun ! »

Pas une, en ces plaines fatales
Où tomba plus d'un pauvre enfant,

Pas une, en ces plaines fatales
Où tomba plus d'un pauvre enfant,
N'a, par pudeur, de ses pétales
Assombri l'éclat triomphant.

De notre deuil tissant leur gloire,
Elles ne nous témoignent rien,
Car les fleurs n'ont pas de mémoire,
Nouvelles dans un monde ancien.

O fleurs, de vos tuniques neuves
Refermez tristement les plis :
Ne vous sentez-vous pas les veuves
Des jeunes cœurs ensevelis ?

A nos malheurs indifférentes,
Vous vous étalez sans remords :
Fleurs de France, un peu nos parentes,
Vous devriez pleurer nos morts.

REPENTIR

J'AIMAIS froidement ma patrie,
Au temps de la sécurité ;
De son grand renom mérité
J'étais fier sans idolâtrie.

Je m'écriais avec Schiller :
« Je suis un citoyen du monde ;
En tous lieux où la vie abonde,
Le sol m'est doux et l'homme cher !

« Des plages où le jour se lève
Aux pays du soleil couchant,
Mon ennemi, c'est le méchant,
Mon drapeau, l'azur de mon rêve !

« Où règne en paix le droit vainqueur
Où l'art me sourit et m'appelle,
Où la race est polie et belle,
Je naturalise mon cœur ;

« Mon compatriote, c'est l'homme ! »
Naguère ainsi je dispersais
Sur l'univers ce cœur français :
J'en suis maintenant économe.

J'oubliais que j'ai tout reçu,
Mon foyer et tout ce qui m'aime,
Mon pain, et mon idéal même,
Du peuple dont je suis issu,

Et que j'ai goûté dès l'enfance
Dans les yeux qui m'ont caressé,
Dans ceux mêmes qui m'ont blessé,
L'enchantement du ciel de France !

Je ne l'avais pas bien senti ;
Mais depuis nos sombres journées,
De mes tendresses détournées
Je me suis enfin repenti :

Ces tendresses, je les ramène
Étroitement sur mon pays,
Sur les hommes que j'ai trahis
Par amour de l'espèce humaine,

Sur tous ceux dont le sang coula
Pour mes droits et pour mes chimères :
Si tous les hommes sont mes frères,
Que me sont désormais ceux-là?

Sur le pavé des grandes routes,
Dans les ravins, sur les talus,
De ce sang qu'on ne lavait plus
Je baiserai les moindres gouttes;

Je ramasserai dans les tours
Et les fossés des citadelles
Les miettes noires, mais fidèles,
Du pain sans blé des derniers jours;

Dans nos champs défoncés encore,
Pèlerin, je recueillerai,
Ainsi qu'un monument sacré,
Le moindre lambeau tricolore;

Car je t'aime dans tes malheurs,
O France! depuis cette guerre,
En enfant, comme le vulgaire
Qui sait mourir pour tes couleurs;

J'aime avec lui tes vieilles vignes,
Ton soleil, ton sol admiré
D'où nos ancêtres ont tiré
Leur force et leur génie insignes.

Quand j'ai de tes clochers tremblants
Vu les aigles noires voisines,
J'ai senti frémir les racines
De ma vie entière en tes flancs.

Pris d'une piété jalouse
Et navré d'un tardif remords,
J'assume ma part de tes torts ;
Et ta misère, je l'épouse.

LA MARE D'AUTEUIL

Jeunes et vieux, ô vous, vengeurs de toutes sortes,
Qui, bravant la mitraille, en avant des remparts,
Tombez, sous un ciel froid, dans les plaines épars,
Frères, pardonnez-moi, si, voyant à nos portes,
Là même où vous aussi les voyiez autrefois,
Tous ces arbres couchés parmi leurs feuilles mortes,
    J'ose m'attendrir sur les bois.

Ces bois nous étaient chers par leur site et leur âge,
Par l'ancêtre inconnu qui les avait plantés,
Surtout par la douceur des rêves enchantés
Qu'ils éveillaient dans l'âme en versant leur ombrage,
Par leurs sentiers étroits, leur sauvage gazon,
Et la fraîche percée où comme un clair mirage
    Reculait leur vague horizon.

Là dormait une mare antique et naturelle,
Où, vers le piége lent des brusques hameçons,
Montaient et se croisaient des lueurs de poissons,

Où mille insectes fins venaient mirer leur aile;
Eau si calme qu'à peine une feuille y glissait,
Si sensible pourtant que le bout d'une ombrelle
    D'un bord à l'autre la plissait.

Trois chênes lui prêtaient leur abri vénérable.
Hors de la terre, autour de leurs énormes flancs,
Leur racine saillante improvisait des bancs,
Et vers l'heure où, l'été, le poids du ciel accable,
Leurs branches sur les yeux ivres d'un vert sommeil
Épandaient un feuillage au jour seul pénétrable,
    Comme une tente en plein soleil.

Leurs hôtes coutumiers, les enfants et les femmes,
Les rêveurs, les oiseaux, y coulaient l'heure en paix
Sous la protection de ces rameaux épais,
Qui, pleins d'une odeur saine, et par leurs longues trames
Formant comme un grand luth toujours prêt à vibrer,
Rendaient l'air plus sonore au pur essor des gammes
    Et plus suave à respirer.

On lisait d'anciens noms de seigneur ou de pâtre
Dans l'écorce gravés, et que dans ses retours
La séve agrandissait, mais effaçait toujours;

Dans le tronc, restauré tout le long par du plâtre,
Ouvert et creux au bas, s'était accumulé
Un poussier noir, pareil à la cendre de l'âtre
    Où des souvenirs ont brûlé.

Ces lieux étaient profonds : nous ne pouvons pas croire
Que les chemins errants qui se perdaient si loin,
Les gros chênes et l'eau, tenaient tous dans ce coin.
Quel prestige éloignait leur limite illusoire?
Et qui se rappelait, en y flânant jadis,
Que des hauts bastions l'austère promontoire
    Bornait si près ce paradis?

Jeunes et vieux, ô vous, braves de toutes sortes,
Au cri de la patrie en foule rassemblés,
Que la mitraille abat comme le vent les blés,
Pardonnez, si, ployant sous mes haines trop fortes,
Je songe par faiblesse une dernière fois
A ces arbres couchés parmi leurs feuilles mortes,
    Si j'ose encore aimer les bois.

Les voilà donc à bas, ces géants séculaires,
Les bras épars, tordus dans l'immobilité,
Le faîte horizontal, ras et décapité ;

Sur leur entaille, on compte aux couches annulaires
L'ample succession de leurs ans révolus
Et le temps qu'ont dormi dans l'horreur des suaires
    Ceux dont les noms ne vivront plus.

Ah! peut-être, s'ils n'ont ni blessure qui saigne,
Ces arbres, ni douleur qu'attestent de longs cris,
Peut-être ont-ils souffert, outragés et meurtris,
Un tourment presque humain, digne aussi qu'on le plaigne;
Leur ruine, barrière aux chevaux des vainqueurs,
Inspire une pitié que la raison dédaigne,
    Mais qui n'offense point les cœurs!

Peut-être cherchent-ils entre eux pourquoi l'automne
Qui suspendait la vie afin de l'apaiser,
Posant partout son deuil comme un discret baiser,
Farouche cette fois, frappe, ravage, tonne,
Et ne ressemble plus à l'automne de Dieu;
Ou bien comprennent-ils à l'emploi qu'on leur donne
    Qu'un bel arbre n'est plus qu'un pieu!

Ils s'arment comme nous, fils de la même terre;
Leur séve et notre sang auront tous deux coulé
Pour cet illustre sol impudemment foulé!

Tandis que sous nos murs l'aigle à la froide serre
Amène ses pillards par les sentiers des loups,
Et que les autres bois font avec eux la guerre,
  Ceux-là du moins la font pour nous.

Comme une vaste armée arrêtée en silence
Écoute au loin rouler un galop d'escadrons,
Des arbres abattus les innombrables troncs
Attendent, menaçants, taillés en fer de lance ;
Les souches des plus gros siégent comme un sénat
Qui, dans un grand péril, se recueille, et balance
  Les chances du dernier combat.

Seuls, ces débris guerriers des beaux chênes demeurent ;
L'eau qui baignait leur pied n'est plus qu'un bourbier noir ;
On ne reviendra plus à leur ombre s'asseoir :
Les couples sont brisés, tous ceux qui s'aiment pleurent ;
Leurs gardiens d'autrefois se sont faits leurs bourreaux ;
Plus de nids, plus d'amours ! Qu'ils tombent donc et meurent
  Comme les hommes, en héros !

Jeunes et vieux, ô vous, martyrs de toutes sortes,
Qui, par une mitraille invisible assaillis,
Tombez en maudissant l'épaisseur des taillis,

Jeunes et vieux, ô vous, martyrs de toutes sortes,
Qui, par une mitraille invisible assaillis,
Tombez en maudissant l'épaisseur des taillis,
Frères, pardonnez-moi, si, voyant à nos portes,
Comme un renfort venu de nos aïeux gaulois,
Ces vieux chênes couchés parmi leurs feuilles mortes,
  Je trouve un adieu pour les bois !

LE RENOUVEAU

L'air soupire encor, tout sonore
Du dernier canon qui s'est tu ;
Le sol est tout tremblant encore
Des escadrons qui l'ont battu ;

Il plane encore des fumées
Sur les monceaux de noirs débris ;
Du piétinement des armées
Les champs sont encore meurtris ;

Et déjà, comme les étoiles
Perçant l'infini ténébreux,
Les amours écartent les voiles
Qu'un deuil immense a mis sur eux.

Les amours purs, les amours graves
Des fiancés et des époux,
Accompagnaient au feu les braves,
Menacés par les mêmes coups ;

Ils s'enfonçaient dans les mêlées,
Invisibles, silencieux,
Les lèvres par pudeur scellées,
Et par respect baissant les yeux ;

Car, dans la commune détresse,
Les jeunes gens, prêts à périr,
Refoulant toute leur tendresse,
Ne brûlaient que de s'aguerrir ;

Pour la seule amante permise,
La patrie, ils s'étaient levés,
Laissant la femme, la promise,
Ou les aveux inachevés ;

Il semblait que le mot « Je t'aime ! »
Sous la douleur enseveli,
Fût, devant le péril suprême,
A jamais tombé dans l'oubli.

Mais voici qu'à l'espoir renaissent
Les amours en secret constants ;
Avec la sève ils reparaissent
Aux ordres divins du printemps.

Levant leurs yeux encor humides
Et des récentes peurs hagards,
Ils cherchent, revenants timides,
A croiser leurs anciens regards ;

Et puisque les prés reverdissent,
Que l'air s'embaume de lilas,
Que l'oiseau chante, ils s'enhardissent,
Ils s'appellent entre eux tout bas.

Plus d'un n'aura pas de réponse :
De quelque fosse inculte sort
L'écho seul du nom qu'il prononce ;
Son compagnon sous l'herbe dort ;

Sous l'herbe en hâte remuée,
Il dort, perdu, ne recevant
Que les pleurs froids de la nuée,
Les soupirs sans âme du vent.

Ton œuvre, ô guerre, la plus triste,
C'est d'ôter la main de la main,
C'est d'étouffer à l'improviste
Dans son aube un cher lendemain,

De violer les destinées,
D'abattre les hommes sans choix,
Et d'atteindre en les races nées
Les races à naître à la fois.

Les couples d'amours qui demeurent
Font cependant de nouveaux nids ;
Parmi tant d'isolés qui pleurent
Ils se sentent mieux réunis ;

Ils se blottissent mieux ensemble
Après tant de jours alarmants ;
Le retour du baiser leur semble
Plus doux que ses commencements ;

Ainsi, comme ils surent s'attendre
Un long hiver, la neige aux pieds,
Ils se sont rejoints dans la cendre
Des anciens toits incendiés.

Fils de la nature éternelle
Par qui les champs ont refleuri,
Les amours, invaincus comme elle,
Vont réparer le sang tari.

O peuple futur qui tressailles
Aux flancs des femmes d'aujourd'hui,
Ce printemps sort des funérailles,
Souviens-toi que tu sors de lui !

TABLE

	Pages.
Au Lecteur	1

LES ÉPREUVES

AMOUR

L'Inspiration	5
La Folle	6
Envoi	7
Les Danaïdes	8
Conseil	9
La Note	10
Inquiétude	11
Trahison	12
Profanation	13

	Pages.
Au Prodigue	14
Les Blessures	15
Fatalité	16
Où vont-ils?	17
L'Art sauveur	18
Sépulture	19

DOUTE

Piété hardie	21
La Prière	22
Bonne mort	23
La Grande Ourse	24
Cri perdu	25
Tout ou Rien	26
La Lutte	27
Rouge ou Noire	28
Chez l'Antiquaire	29
Les Dieux	30
Un Bonhomme	31
Scrupule	32
La Confession	33
Les Deux Vertiges	34
Le Doute	35
Tombeau	36

RÊVE

	Pages.
Repos	37
Sieste	38
Éther	39
Sur l'Eau	40
Le Vent	41
Hora prima	42
A Kant	43
La Vie de loin	44
Les Ailes	45
Dernières Vacances	46
Fin du Rêve	47

ACTION

Homo sum	49
La Patrie	50
Un Songe	51
L'Axe du monde	52
La Roue	53
Le Fer	54
Une Damnée	55
L'Épée	56
Aux Conscrits	57
Chagrin d'Automne	58

	Pages
Dans l'Abime.	59
En Avant.	60
Réalisme.	61
Le Monde a nu.	62
Le Rendez-vous.	63
Les Téméraires.	64
La Joie.	65
Au Désir.	66
A Auguste Brachet.	67

LES ÉCURIES D'AUGIAS

Les Écuries d'Augias	71

CROQUIS ITALIENS

Parme.	83
Fra Beato Angelico.	84
Le Jour et la Nuit (San Lorenzo).	86
Devant un groupe antique.	88
Panneau.	90
Ponte Sisto	91
Le Colisée.	93
L'Escalier de l'Ara Cœli.	95
La Voie Appienne.	97

	Pages.
La Pescheria	99
Torses antiques	101
Les Marbres	103
La Place Saint-Jean-de-Latran	105
Les Transtévérines	107
La Place Navone	109

LES SOLITUDES

Première Solitude	113
Sonnet	116
Déclin d'amour	117
Les Stalactites	119
Joies sans causes	120
La Grande Allée	122
La Valse	124
Le Cygne	126
La Voie lactée	128
Les Serres et les Bois	130
Ne nous plaignons pas	132
La Terre et l'Enfant	134
Passion malheureuse	136
La Bouture	137
Scrupule	139
Prière au Printemps	141
Un Exil	143
La Reine du Bal	145

	Pages.
La Laide	148
Jaloux du printemps	150
L'Une d'Elles	152
La Pensée	156
La Lyre et les Doigts	158
Mars	160
Damnation	162
La Mer	167
La Grande Chartreuse	169
Effet de nuit	170
Silence et Nuit des bois	173
La Colombe et le Lis	174
Le Peuple s'amuse	176
Déception	179
Combats intimes	181
Couples maudits	183
Soupir	184
Le Dernier Adieu	185
Les Caresses	186
La Vieillesse	188
L'Agonie	190
De loin	193
Le Missel	194
Les Vieilles Maisons	197
Le Volubilis	201
Midi au village	203
Corps et Ames	205
Le Réveil	207

	Pages.
Le Premier deuil.	208
La Chanson des métiers	210
Le Signe.	212
Dernière Solitude.	214

IMPRESSIONS DE LA GUERRE

Fleurs de sang.	219
Repentir.	222
La Mare d'Auteuil.	226
Le Renouveau.	232

www.ingramcontent.com/pod-product-compliance
Lightning Source LLC
Chambersburg PA
CBHW061956180426
43198CB00036B/1258